KB057658

보건으로
읽는 보훈

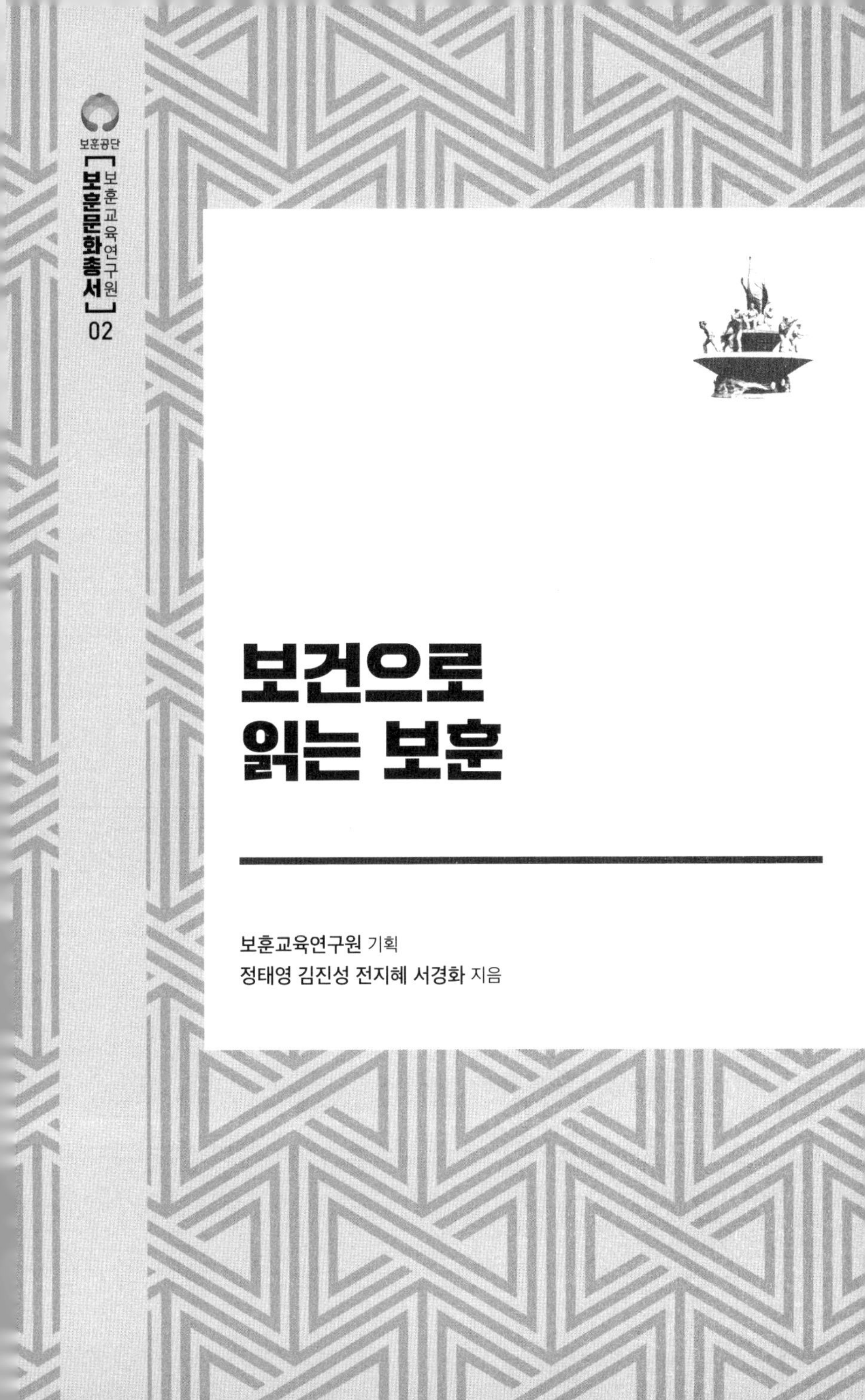
보훈공단
보훈교육연구원
「보훈문화총서」
02
보건으로
읽는 보훈
보훈교육연구원 기획
정태영 김진성 전지혜 서경화 지음

간행사

보훈, 따뜻하고 든든한

보훈(報勳)은 '공훈에 보답한다'는 뜻이다. 「국가보훈기본법」(2005.05.31)의 표현을 가져오면, "국가를 위하여 희생하거나 공헌한 사람의 숭고한 정신을 선양하고 그와 그 유족 또는 가족의 영예로운 삶과 복지향상을 도모하며 나아가 국민의 나라사랑정신 함양에 이바지"하는 행위이다(제1조). 국가를 위한 희생이나 공헌의 성격은 다음 네 가지 범주로 규정하고 있다: "가. 일제로부터의 조국의 자주독립. 나. 국가의 수호 또는 안전보장. 다. 대한민국 자유민주주의의 발전. 라. 국민의 생명 또는 재산의 보호 등 공무수행"(제3조)

이러한 규정에 근거해 보훈을 '독립', '호국', '민주'라는 세 키워드로 이해하는 흐름이 생겼다. '사회공헌'까지 보태 넷으로 분류할 수도 있다. 보훈의 정신이 서너 가지 가치로 표현되어 오니까

나중에 기본법을 제정해 그 범주를 정리했다고 보는 편이 더 옳겠다. 독립, 호국, 민주 혹은 사회공헌을 위해 투신하다가 당한 희생에 국가가 물심양면으로 보답하는 과정이 보훈이다. 그동안 보훈 정책은 세분화·구체화되었고, 예산도 확대되어 왔다.

그런데 좀 더 깊이 들여다보면 보훈의 구체화 과정에 문제가 없는 것은 아니다. 정책 하나하나의 문제라기보다는 보훈의 가치들 간 긴장과 갈등의 문제, 보훈에 대한 국민적 인식의 문제다. 두 가지 문제의식을 가지고 한국 보훈의 현실을 간략히 진단해보자.

첫째 문제는 보훈의 주요 가치들인 독립, 호국, 민주 혹은 사회공헌의 실제 내용이 서로 충돌하기도 한다는 데 있다. 가령 북한과의 전쟁 경험에서 출발한 '호국'의 가치와 다원성을 중시하는 대북 포용적 '민주'의 가치가 부딪치곤 한다. 이런 현상은 분단국가이면서도 통일을 지향하는 한반도의 특수한 상황에 기인한다. 남과 북은 정치적 이념과 권력 구조가 달라 서로 적대하면서도, 통일 혹은 일치로 나아가기 위한 교류와 협력의 대상이기도 하다. 남북관계는 적대적 준국가 관계에 놓여 갈등하면서도, 오랜 역사, 언어, 문화적 동질성을 훨씬 크게 경험해 온 한 민족이다. 분리되어 있으나 합일을 지향하는 이중 관계에 있는 것이다.

그렇다면 전쟁과 같은 아픈 역사에 기반한 호국의 가치와 미래 지향적 민주 및 사회 공헌의 가치가 적절히 만나도록 해야 한다. 이들을 화학적으로 결합시키지 못하면 한반도는 분단으로 인한 소모적 갈등이 두고두고 지속될 것이기 때문이다.

독립과 관련한 가치가 구현되는 상황이 비슷하다. 원치 않게 일본의 식민지로 살아야 했던 역사적 경험과 이로부터 벗어나려 몸부림치던 선구적 희생의 자취가 공존하고 있는 것도 한국의 현실이다. 이른바 독립유공자는 선구적 희생에 대한 국민적 보답과 예우의 표현이지만, 같은 집안에서도 친일과 반일이 갈등하며 섞여 있는 것이 여전한 우리의 현실이다. 사회주의적 이념에 기반한 독립운동을 분단 이후 강화된 호국적 이념과 조화시키는 일도 간단하지 않다. 어떤 가치에 중점을 두느냐에 따라 북한은 물론 미국 및 중국에 대한 태도도 크게 갈려서 정부가 외교적 균형을 잡기 어려운 것도 우리의 현실이다.

이것은 한반도에서 공정한 보훈 정책이 얼마나 어려운지 잘 보여준다. 그러면서도 역설적으로 보훈이 사회통합과 국가공동체 건설에 기여하는 계기와 동력이 될 수 있다는 뜻이기도 하다. 보훈의 이름으로 독립, 호국, 민주유공자 및 보훈 대상자를 지속 발굴하고 선양하되, 그 과정에 벌어지는 갈등은 최소화해야 한다. 깊이 고민하고 성찰해서 독립, 호국, 민주의 가치를 화학적으로 조화시켜야 한다. 그렇게 사회통합을 이루고 국가의 공동체성을 구축해 가야 한다.

둘째 문제는 공훈에 보답하는 주체가 '국민'이라기보다는 '국가'라는 인식이 강하다는 것이다. 「국가보훈기본법」에서도 국가와 지방자치단체가 보훈 정책을 시행하고 국민은 그에 협력해야 한다는 식으로 규정하고 있다.(제5와 제6조; 제8와 제9조 참조) 보훈의 전제가 '국가를 위한 희생과 공헌'이다 보니, '국가가 보답한다'는 인식이 먼저 생기는 경향이 있다. 국가의 주체는 결국 국민임에도 불구하고, 보훈 행위에서 국민은 빠지거나 적당히 거리를 둬도 될 것 같은 이미지나 분위기가 형성되고 있는 것이다.

그러나 국가의 주체는 결국 국민이다. 보훈 행위의 무게중심을 국민에 둘 수 있어야 한다. 국민의 세금으로 정부, 특히 국가보훈처가 보답의 행위를 대신하고 있지만, 공을 세우고 그 공에 보답하는 주체 모두 결국은 국민이다. 정부는 국민의 눈높이에 맞춰 국민에게 먼저 다가가고 국민이 공감할 수 있는 정책을 계속 모색하고, 현대 사회에 어울리는 교육 콘텐츠를 개발 및 보급해야 한다. 무엇을 어떻게 하는 것이 보훈에 대한 국민적 기대치와 눈높이에 어울리는지 선제적으로 고민해야 한다. 보훈이 풀

뿌리부터 자발적으로 문화화하도록 플랫폼을 제공해야 한다.

현 정부에서는 "든든한 보훈"을 슬로건으로 하고 있다. 오랜 군복무로 국가안보에 기여한 '제대군인'에 대한 지원을 강화하고, 보훈대상자들이 어디서든 불편 없이 진료 받을 수 있도록 한국보훈복지의료공단 산하 보훈 종합병원들과 연계하는 '위탁병원'을 지역 곳곳에 확대하고 있다. 보훈대상자들을 연결고리로 국가와 국민을 든든하게 연결시키겠다는 취지의 정책이다. "따뜻한 보훈"을 모토로 한 적도 있다. 현장과 사람 중심의 보훈을 기반으로 국민과 함께 미래를 여는 정책을 펼치겠다는 것이었다. 모두 적절한 슬로건과 모토다. 국가-국민-국가유공자가 서로 연결되고 순환하는 체계를 만들어 나가겠다는 취지에서 서로 통한다.

어떻게 하든 한국 보훈의 방향은 순국선열, 애국지사, 전몰군경, 전상군경 등 전통적인 국가유공자들을 예우하되(국가유공자예우등에관한법률 제4조), 민주유공자와 사회공헌자는 물론 '국가사회발전특별공로자'와 같은, 시민사회에 좀 더 어울리는 유공자들을 적극적으로 발굴하는 방식으로 가야 한다(제4조). 보훈이 흔히 상상할 수 있는 전쟁 중심의 이미지에서 벗어나 평화 지향적으로 나아가는 데 기여해야 한다. 국경 중심의 근대민족국가의 범주에 갇히지 말고 인간의 아픔에 공감할 줄 아는 보편적 인류애에 호소해야 한다. 그렇게 세계가 축복할 수 있을 보훈 정책의 모델을 한반도에서 만들어내야 한다.

그러면 국민은 국민대로 오늘의 삶을 누리는 데 기여한 이들을 위해 마음과 시간을 더 낼 수 있을 것이다. 가족이 다치면 가족이 돌보지 않던가. 희생은 없어야 하고 없을수록 좋지만, 만일 가족 중 누군가 아프면 가족이 치료하고 돌보면서 가정을 유지해 나간다. 국민이 국가를 위해 일하다가 다치면 그곳에 국민의 손길이 미칠 수 있어야 한다. 그런 문제의식을 가진 국민을 '시민'이라고 명명한다면, 보훈도 시민사회와 순환할 수 있어야 한다.

정부는 물론 보훈 연구자들은 이러한 유기적 관계성을 따뜻한 철학으로 뒷받침해야 한다. 국가유공자와 보훈대상자를 위한 복지와 의료 정책에 첨단 인공지능과 다양한 빅데이터도 적절히 활용할 수 있을 것이다. 이렇게 희생과 아픔에 대한 인간의 원천적 공감력에 호소하면서 시민사회가 보훈을 자신의 과제로 삼을 수 있는 바탕을 다져야 한다. 그렇게 미래로 나아가고 세계와 소통하는 국가를 만들어야 한다. 보훈은 국가를 돌아가게 하는 근본 원리이다.

이러한 원리는 더 이상 누군가의 희생이 나오지 않아도 되는 안전하고 평화로운 국가와 세계가 이루어질 때까지 계속되어야 한다. 이러한 세계를 이루기까지 심층적인 의미에서 선제적으로 이루어 가는 보훈, 이른바 '선제적 보훈'의 길을 걸어야 한다.

그동안 보훈 관련 각종 정책 보고서는 제법 많았다. 그러나 대부분 일반인의 손에는 닿을 수 없는 전문가의 책상과 행정부서 깊은 곳에 머물렀다. 보훈의 역사, 이념, 의미, 내용 등을 국민적 눈높이에서 정리한 대중적 단행본은 극소수였다. 정작 보훈이 무엇인지 관련자들도 깊고 체계적으로 고민할 새가 별로 없었다. 무엇보다 시민사회로까지 다가서기에는 부족했다.

이러한 현실을 의식하며 보훈교육연구원에서 일반 시민이 쉽게 접근할 수 있도록 대중적 차원의 『보훈총서』를 기획하고 드디어 출판에 이르렀다. 지속적으로 출판할 예정이다. 보훈이 무덤덤한 '그들'만의 이야기가 아니라 '우리'의 이야기가 되면 좋겠다. 인간의 얼굴을 한 따뜻하고 든든한 보훈이 되면 좋겠다.

보훈교육연구원장

이 찬 수

서문

이 책 『보건으로 읽는 보훈』은 건강에 초점을 맞춰 '보훈이란 무엇인가?'라는 질문에 대한 답을 찾고 있다. 이 책은 '우리를 지켜준 당신, 우리가 지켜 갈 당신'이라는 표어를 실천하는 것은 곧 보훈대상자의 건강을 지켜드리는 것이라는 명제를 세우고 있다. 보훈대상자들의 몸과 마음의 건강, 그리고 장애를 보듬어 드릴 수 있는 길을 찾기 위해 이 책에서 다양한 이론과 사례들을 제시함으로써 위 명제에 힘을 보태고 있다.

이 책의 1장 '보훈대상자의 건강과 보장'에서는 먼저 보훈대상자의 전반적인 건강상태, 의료서비스 이용 및 건강 행태를 알아보았다. 또한 보훈의료의 현황과 보훈의료 전달체계의 문제점을 파악해 보았다. 특히, 일차의료의 강화를 통한 보훈의료 체계의 개선을 통해 보훈대상자들의 건강을 보장해 줄 수 있는 방안을 모색해 보았다.

2장 '마음 건강을 위한 준비: 보훈과 정신건강'에서는 보훈대상자의 정신건강을 다루었으며, 마음 건강은 더 이상 혼자만의 노력으로 해결할 수 없는 복잡한 영역으로, 다양한 사회 분야와의 유기적인 연계가 요구됨을 강조하였다. 또한 미시적 관점에서의 의료와 심리적 요인을 파악하는 동시에, 주거, 근로, 환경, 정책 변화와 같은 거시적 관점을 복합적으로 견지해야 효율적으로 보훈대상자의 정신건강을 향상시킬 수 있다는 사실을 제시하였다.

3장 '보훈대상자의 장애 개념과 장애인 복지정책 과제'에서는 보훈대상자와 장애인의 개념과 범주를 알아보고, 보훈대상자와 장애인복지법상의 장애판정 체계 및 보훈대상자와 장애인에 대한 사회복지급여를 비교한 후, 보훈대상자와 관련한 장애인복지정책의 과제를 제시하였다. 보훈대상자와 장애인복지 지원체계의 통합적 관리운영, 보훈대상자의 차별화된 복지 서비스 및 심리사회적 보상, 장애인복지법상의 장애 개념의 확대를 통한 다양한 보훈장애인의 장애 등록 가능성 제고방안, 보훈대상자와 국민을 대상으로 하는 인식개선 등을 논의하였다.

4장 '보훈대상자를 위한 통합의료 프로그램: 미국의 사례'에서는 미국 내 보훈대상자들의 의료서비스 선택권 보장과 접근성 제고를 위한 법 및 관련 프로그램을 소개하였다. 우리나라도 보훈대상자들의 건강 증진을 위한 효율적인 의료서비스 제공 차원에서 통합 의료체계를 마련하는 것은 중요한 과정이라 할 수 있다. 향후 우리나라 보훈의료 환경 내 통합 의료체계를 효과적·효율적으로 운영하는 데 미국 사례가 시사점을 줄 것으로 기대한다.

보훈정책의 기본이념은 '국가를 위해 희생한 사람들을 끝까지 책임진다'는 것이다. 헌법 제36조 3항에는 '모든 국민은 보건에 관하여 국가의 보호를 받는다.'고 명시되어 있다. 이 책 『보건으로 읽는 보훈』에서는 보훈대상자의 '공훈에 대한 보답'은 '건강의 보장'에서 출발해야 한다는 사실을 공통적으로 보여주고 있다. 보훈대상자의 아픔과 슬픔은 그들만의 것이 아니고 사회의 아픔이자 슬픔이다. 이들이 아프면 치유의 길을 열어주고 슬픈 마음에 삶의 소용돌이가 치면 잔잔해질 수 있도록 하는 것이 보훈의 시작점이며 끝점이다. 독립, 호국, 민주의 가치를 실현하기 위해 몸과 마음을 바친 분들의 아픈 몸과 슬픈 마음을 보듬는 것은 우리 사회의 건강성을 회복하는 과정이며, 사회구성원들에게 보훈의 가치와 중요성을 일깨워 주는 좋은 자산이 될 것이다.

본 원고 집필에 참여해 주신 집필자 분들과 편집을 위해 수고해 주신 도서출판 모시는사람들에 진심으로 감사드린다.

보훈교육연구원 연구원

정태영

차례

보훈대상자의 건강과 보장

정 태 영_ 보훈교육연구원 연구원

1. 보훈대상자와 건강

1) 몸도 아프고 마음도 슬프다

「국가보훈기본법」(시행 2016.5.29, 법률 제14253호, 2016.5.29., 일부개정)은 "국가를 위하여 희생하거나 공헌한 사람의 숭고한 정신을 선양하고 그와 그 유족 또는 가족의 영예로운 삶을 도모하며 나아가 국민의 나라사랑정신 함양에 이바지함을 목적"으로 한다. 본 법에 따르면, '국가보훈대상자'란 희생·공헌자와 그 유족 또는 가족으로서 국가보훈관계 법령의 적용대상자가 되어 예우 및 지원을 받는 사람을 말한다. 여기서 희생·공헌자는 "① 일제로부터의 조국의 자주독립 ② 국가의 수호 또는 안전보장 ③ 대한민국 자유민주주의의 발전 ④ 국민의 생명 또는 재산의 보호 등 공무수행 중 어느 하나에 해당하는 목적을 위하여 특별히 희생하거나 공헌한 사람"을 의미한다.

통계청에 따르면 2019년 기준 보훈대상자는 총 843,770명으로 1999년 426,781명에서 20년간 약 2배에 달할 정도로 증가해왔다. 이는 사회 변화에 따라 보훈대상자의 범위가 점차 확대되어 온 점을 반영한다(그림 1). 특히 2002년 「5.18민주화운동등에관한특별법」 제정은 국가를 지키기 위한 희생에서 더 나아가 국가의 민주적 가치를 지키기 위한 희생까지 보훈대상자의 범위를 넓히게 된 결정적 계기이다. 이는 대부분 선진국의 보훈대상자가 군인 위주인 것과 구분되는 큰 특징이다.

〈그림1〉 보훈대상자 범위 확대 주요 연혁

- 1960년대 : 전상군경, 공상군경, 전몰군경유족 등 전쟁희생자 중심의 보훈대상자
- 1970년대 : 순직·공상공무원, 무공수훈자(태극·을지) 편입
- 1980년대 : 장기복무제대군인, 무공수훈자(충무, 화랑, 인헌), 보국수훈자 편입
- 1990년대 : 고엽제후유의증환자, 참전군인 및 제대군인 편입
- 2002년 : 5.18민주유공자 편입
- 2005년 : 특수임무수행자 편입

- 2008년 : 6.25참전유공자가 국가유공자로 편입
- 2011년 : 월남참전유공자가 국가유공자로 편입
- 2012년 : 보훈보상대상자 편입

보훈대상자들의 인구학적 특성을 살펴보면, 2018년 기준 전체 평균 연령이 71세이다. 이 중에서 65세 이상의 고령자는 전체 보훈대상자의 85% 이상을 차지하는데, 이는 국내 전체 65세 이상 노인 인구 비율이 2017년 기준 14.2%인 것과 비교하여 6배 이상 높은 수치이다. 인간의 생애주기 중 노년기에 겪는 가장 심각한 문제는 건강이다. 건강(健康)이라는 말은 '완전한(whole)'을 의미하는 고대 영어에서 파생된 말이다. 건강의 정의는 다양하지만 가장 보편적인 것은 1948년 4월 7일 세계보건기구 헌장의 전문에 나온 세계보건기구(WHO)의 "건강이란 질병이 없을 뿐만 아니라 허약하지 않고 신체적, 정신적, 그리고 사회적으로 완전히 안녕한 상태(well-being)"라는 정의이다. 본 건강에 대한 정의가 비판*이 없지는 않지만 인간의 생물학적·육체적 기능에 국한시

* 세계보건기구의 '신체적, 정신적, 사회적으로 완전히 안녕한 상태'라는 건강의 정의는 대다수의 사람들이 향유할 수 없는 정도의 높은 수준이라는

켰던 건강에 대한 정의를 정신과 사회의 영역까지 넓힌 데 큰 의미가 있다. 여기서 더 중요한 점은 같은 해에 국제연합(UN)에서 의식주에 앞서 건강권을 인간의 기본권으로 규정하면서 국가가 책임져야 한다고 명시한 「인권에 관한 세계 선언」을 발표한 것이다. 우리나라 헌법 제36조 3항에서도 "모든 국민은 보건에 관하여 국가의 보호를 받는다."고 명시하고 있다. 이렇게 건강권을 인간의 기본 권리이자 국가의 책임이라고 보는 점은 "국가를 위해 희생한 사람들을 끝까지 책임진다."는 보훈정책의 기본이념과 결을 같이 한다.

그렇다면 보훈대상자들의 몸 상태는 어떨까? 국가보훈대상자생활실태조사(2018) 결과를 보면 통증이나 불편감이 있다고 응답한 사람이 조사대상의 절반에 가까운 49.3%에 달하며, 일상적인 활동에 지장이 있을 만큼 건강이 좋지 않다는 응답자가 29.9%나 된다. 특히 고혈압 당뇨로 대표되는 만성질환(Chronic Diseases) 문제도 심각한 것으로 나타났다. 전체 보훈대상자의 대부분인 약 71.1%의 사람들이 만성질환이 있다고 응답한 것이다.

지적이 있다.

질병관리본부에 따르면 국내 전체 사망의 81%가 만성질환으로 인한 사망이며, 사망원인 상위 10위 중 7개가 만성질환이다.*

세계보건기구(WHO)는 만성질환이란 질병으로 발현되기까지 수년에서 수십 년이 걸리며, 예방이 가능하지만 발현된 후 치료를 위해서는 장기간에 걸쳐 지속적인 관리가 요구되는 건강문제를 의미한다고 하였다. 만성질환의 관리는 인구집단의 건강과 삶의 질 향상, 의료체계의 지속가능성 등 중요한 보건학적 함의가 있다. 예를 들어 대표적인 만성질환 중 하나인 관절염은 관절의 통증과 강직감, 운동 제한을 유발함으로써 일상적인 삶의 질을 저하시키기도 한다. 또한 고혈압과 당뇨 등의 만성질환은 다양한 합병증을 동반하며, 제대로 조절관리하지 않아 중증질환으로 이환될 경우 가계에 큰 의료비 부담을 주고, 이는 국민의료비 증가로 이어진다. 2018년 건강보험통계연보에 따르면 2018년 만성질환 진료비는 31조 1,259억 원으로 건강보험 총 진료비 77조 9,104억 원의 약 39.9%에 달하고 있다.

보훈대상자들은 마음도 아프다. 국가보훈대상자 생활실태조

---

* 질병관리본부(2015), 만성질환 현황과 이슈

사(2018)에 따르면 불안하거나 우울하다고 응답한 사람이 네 명 중 한 명꼴인 약 25.6%이다. 특히 만병(萬病)의 근원인 스트레스 상태를 보면 전체 보훈대상자 중 일상생활에서 스트레스를 느낀다는 응답이 82.3%에 달해 심리적·정신적 측면에서의 건강 상태 또한 일반인(54.4%)에 비해 좋지 못하다. 많은 선행연구에서 불안은 우울로 그리고 우울은 자살로도 이어질 수 있는 영향요인으로 밝혀져 왔으므로 위의 수치는 단순한 수치로만 간과할 수 없다. 아픈 마음, 슬픈 감정들이 모여 더욱 깊은 삶의 소용돌이에 휩쓸릴 수도 있기 때문이다. 이러한 심리적인 문제는 보훈대상자의 가족 구성에서도 그 원인을 찾을 수 있다. 보훈대상자의 경우 다섯 가구 중 한 가구가 단독가구이며, 특히 여성 단독가구의 비율은 50.1%로 절반을 넘어선다. 이는 보훈대상자의 대다수가 노인인 상황에서 주목할 만한 통계이다. 이영자(1999)* 연구를 보면, 단독가구 노인의 상당수가 자녀들과 별거하여 생활하는 데에 대한 어려움을 지적하고 있으며, 쓸쓸하거나 외로움을 느낄 때, 건강이 안 좋을 때 단독가구의 생활이 힘

* 이영자, 김태연(1999), 「단독가구 노인의 스트레스와 우울감」, 『한국노년학』 제19권 제3호, 79-93쪽.

이 든다고 하였다.

간단한 관련 통계 몇 가지만 보더라도 보훈대상자의 건강상태는 상당히 염려스러운 상황이다. 보훈대상자들은 국가와 사회를 위해 희생하는 과정에서 입은 부상·질병 등으로 신체적 그리고 정신적 어려움을 겪고 있다. 이들은 대부분 독거노인으로 사회적인 위축감·소외감 등을 느끼고 있으며, 이러한 요인들이 보훈대상자들의 일상생활에서 상당한 스트레스로 표출되고 있는 것이다. 보훈대상자들의 노화와 이로 인한 건강상태 악화는 개개인의 삶의 질을 현저히 떨어뜨리는 요인일 뿐만 아니라, 가족과 국가 차원에서는 의료비 증가와 보살핌에 대한 부담감을 증가시키는 요인이므로 따듯한 관심과 함께 냉철한 대책이 동시에 요구된다.

2) 어디가 아픈가?

보훈대상자들이 주로 겪는 아픔은 무엇인가? 이분들의 다빈도 상병(Common Diseases)을 살펴보면, 입원의 경우 협심증(狹心

症), 인슐린-비의존당뇨병,* 무릎관절증, 뇌경색증 등의 만성질환이 많은 것으로 나타났다. 외래의 경우에도 전립선비대증, 인슐린-비의존당뇨병, 본태성(원발성)고혈압** 등 만성질환을 앓는 보훈대상자들이 많았다(표 2).

구분	보훈병원 이용자	
	입원	외래
1순위	협심증	전립선증식증
2순위	기타 척수병증	인슐린-비의존당뇨병
3순위	노인성백내장	본태성(원발성)고혈압
4순위	상세불명병원체의 폐렴	기타 척수병증
5순위	인슐린-비의존당뇨병	협심증
6순위	무릎관절증	치아 및 지지구조 장애
7순위	뇌경색증	무릎관절증
8순위	기관지 및 폐의 악성신생물	뇌경색증
9순위	위의 악성신생물	노인성백내장
10순위	간 및 간내담관의 악성신생물	치은염 및 치주질환

출처: 한국보훈복지의료공단 내부자료

* Type II 당뇨병으로 인슐린 결핍의 정도가 가볍고 식이요법이나 약물처방으로 호전되는 경우가 많으며, 생명 유지에 인슐린주사가 절대로 필요한 것은 아닌 당뇨병을 말한다.

** 이차성 고혈압처럼 신장, 동맥, 심장 및 내분비계에 영향으로 발생하는 고혈압이 아니라 명확한 근본적인 의학적 원인이 없는 고혈압으로 전체 고혈압의 약 90%를 차지한다.

보훈대상자들이 앓고 있는 주요 질환 중 협심증은 심근에 혈액을 공급하는 관상동맥이 다양한 요인들에 의해 좁아져 갑작스럽게 흉부 통증 또는 압박감을 느끼는 상태를 의미한다. 대체로 노인 환자, 당뇨병 환자, 여성 환자에게서 많은 증상으로 제때 치료/수술하지 않으면 사망에 이를 수 있으므로 초기 예방이 중요하다. 실제로 협심증은 2019년 한국인의 사망원인 중 암에 이어 2위를 차지할 만큼 치명적인 질환 중 하나이다. 당뇨와 고혈압은 보훈대상자뿐만 아니라 대다수의 국민들이 앓고 있는 대표적인 만성질환이다. 동시에 생활습관병(Lifestyle Diseases)으로 불리기도 한다. 과체중, 비만, 운동부족, 흡연, 음주 등 건강에 좋지 못한 생활습관들이 만성질환의 주요 위험요인이기 때문이다. 당뇨는 고령화와 동시에 증가 추세에 있는 질환으로 심혈관질환, 뇌경색증 등 각종 합병증의 원인으로 작용하며, 고혈압 또한 심질환 발병의 주요 위험요인으로 알려져 있어, 사전에 예방하는 것이 무엇보다 중요한 질환이다. 무릎관절증의 경우 직접적으로 보훈대상자의 거동을 불편하게 하여 삶의 질을 저하시키는 질환이다. 자칫하면 큰 부상을 초래할 수 있는 낙상사고 등을 일으키는 주요 원인이기도 하다. 그 외 보훈대상자들이 많이 앓고 있는 다빈도 상병은 수정체 혼탁으로 시야가 흐려지는 질환인 노인성백내장, 치주염 및 치주질환 등 대부분 노인성 질환으로 삶의 질을 크게 저하시키는 질환들이다. 이와 같은 노인성 질환은 병인(病因)이 불분명한 경우가 많고 유전 등의 선천적 원인과 기왕증, 생활습관 등 후천적 원인들이 복잡하게 얽혀서 발병되는 특징이 있으므로 발병 시기가 불분명하며, 적시의 치료 시기를 놓치게 되어 중증질환이나 기능 장애로 악화되기 쉽다. 추가적으로 고엽제 후유증이 있는 보훈대상자들의 다빈도 질환을 구체적으로 살펴보면 허혈성 심장질환이 19,297명으로 가장 많았고, 당뇨병 9,250명, 전립선암 4,537명, 말초신경병 3,758명, 폐암 1,883명, 파킨슨 820명의 순으로 나타났다. 후유의증 질환의 경우 악성종양이 16,825명으로 가장 많았고, 고혈압 14,898명, 뇌경색증 5,426명, 중추신경장애 2,251명, 지루성피부염 1,837명, 다발성신경마비 1,113명, 뇌출혈 1,110명, 건성습진 954명 등을 많이 앓고 있다.(국가보훈처, 2019)

보훈대상자들의 의료서비스 이용 실태는 어떠한가? 여기서는 의료이용행태에 초점을 맞춰서 살펴보기로 한다. 의료 이용행태(health care utilization behavior)란 환자가 의료서비스를 이용하는 과정에 관한 것으로 협의로는 증상이 있을 때 진단을 받고 적절한 치료책을 찾기 위한 질병행태(illness behavior)를 의미한다.(Kasl&Cobb, 1966)* 앤더슨(Anderson)은 사람들이 왜 의료서비스를 이용하게 되는가를 설명하는 모형을 제시하였다. 1960년대에 나온 초창기 모델은 소인성 특성(Predisposing Characteristics)과 가능 자원(Enabling Resources) 그리고 필요(Need)의 세 가지로 의료서비스 이용을 설명하고 있다. 소인성 특성은 성·연령 등의 인구학적 요인, 교육·직업 등으로 측정되는 사회 구조적 요인, 그리고 의료서비스에 대한 지식/태도 등으로 대표되는 건강 신념(Health Beliefs) 등을 포함한다. 가능 자원은 소득, 의료보험 등 의료서비스 이용을 촉진하는 것을 의미한다. 마지막으로 필요는 전문가가 진단한 병의 심각성, 건강상태 등 의료서비스의 요구 정도를 말한다.(Anderson, 1995)**

보훈대상자의 건강상태와 앤더슨 모형을 고려해 보면, 대다수 보훈대상자들은 늙고 아픈 상황이라는 점과 의료서비스 이용 시

---

* Kasl, S., & Cobb, S. (1966). Health behavior, illness behavior, and sick role behavior. Archives of Environmental Health, 12, 246-266, 531-541.

** Anderson, Ronald M.(1995), Revisiting the Behavioral Model and Access to Medical Care: Does It Matter?, Journal of Health and Social Behavior, 35, pp.1-10.

에 본인의 부담이 낮다*는 측면에서 건강한 일반인에 비해 의료 이용이 많을 것으로 예상된다. 의료 이용은 의료비 지출 등 질적인 이용과 외래/입원일수 혹은 외래/입원 횟수 등의 양적인 이용으로 구분해 볼 수 있다. 먼저, 보훈대상자에 대한 의료지원 금액은 2019년 기준 8,018억 원으로 최근 10년간(2010-2019) 연 평균 약 5%씩 증가해 왔다. 이는 보훈대상자의 지속적인 범위 확대, 고령화와 만성질환의 증가 등이 주요 원인이라고 할 수 있다(표 3). 특히 보훈대상자의 경우 평균 5개 이상의 복합만성질환을 앓고 있어 병원 내원 시 2개 이상의 진료과를 방문하여 진료 받는 것이 일반적인 의료 이용 행태이다. 보훈처에 따르면, 2017년 기준 지방보훈병원 평균 재원일수는 24.4일로 전국 평균 9.7일보다 약 2.5배 더 높다. 향후 이러한 추세가 지속된다면, 보훈대상자에 대한 의료비 부담이 가속화될 것으로 보인다.

* 국가보훈처에 따르면, 보훈의료 지원은 공훈의 내용 또는 공훈과 관련성이 있는 질병의 내용에 따라 본인과 유족에 제공되며, 보훈의료지원 대상자가 보훈병원 또는 위탁의료기관에서 진료를 받는 경우 감면의 정도는 본인부담금의 30~100%이다.

〈표 3〉 보훈대상자 진료실적과 진료인원

구분	2010	2011	2012	2013	2014	2015	2016	2017	2018	2019
진료실적 (금액, 억원)	5,003	5,280	5,667	5,924	6,254	6,433	6,847	7,096	7,454	8,018
진료인원 (실인원)*	2,737	2,908	3,274	3,517	3,675	3,839	4,103	4,216	4,297	4,464

출처: 국가보훈처

따라서 보훈의료보장의 지속가능성을 확보하기 위해서 의료 전달 체계 개선, 재원조달 방안 마련 등 다각도의 노력이 필요하다. 보훈대상자들이 아프기 전에 예방하고 아프더라도 조금이라도 덜 아프게 할 수 있는 최적의 접점을 찾기 위한 시도가 다방면에서 요구된다. 덧붙여서 보훈의료제도 개선의 실마리를 찾을 수 있도록 보건학, 사회복지학, 의학, 경영학, 경제학 등 관련 학계의 많은 관심과 연구 활성화도 절실하다.

3) 덜 아프고 더 건강해 지고 싶다

질병구조가 급성감염성질환에서 만성퇴행성질환으로 변화하

* 입원의 경우 입원자의 연 입원일수, 외래환자의 경우 외래방문 연인원을 의미

면서 개개인의 건강행위(health behavior)가 스스로의 건강에 미치는 영향의 정도도 더욱 커지고 있다. 건강행위는 건강을 유지 혹은 증진하거나 무증상의 단계에서 질병을 발견할 목적으로 행해지는 행동을 말하며, 건강한 생활습관, 금연, 금주 등을 통해 안녕 상태를 유지하는 것을 목적으로 한다. 당뇨, 고혈압 등 대부분의 만성질환은 금연, 절주, 운동, 건강한 식습관 등을 통하면 충분히 예방 가능하다. 또한 이미 만성질환을 앓고 있더라도 합병증과 장애를 예방하기 위해서라도 건강행위는 중요하다. 건강행위는 건강에 대한 사람들의 인식, 가치, 태도뿐만 아니라 개인을 둘러싼 사회, 경제 및 문화적 배경 등에 따라 다르게 나타나며, 이렇게 나타난 건강행위는 다시 사람들의 건강에 영향을 준다. 대다수가 노인이며, 많은 노인들이 복합만성질환을 앓는다는 것을 고려해 보면 보훈대상자들의 건강행위는 건강상태와 마찬가지로 일반인보다 좋지 않았거나 좋지 않을 것이라고 예상된다.

보훈대상자의 건강행위에 대한 전국적인 규모의 조사는 없지만 김미례(2004)*에 따르면, 보훈대상자(노인 국가유공자)의 흡연율

* 김미례, 「국가유공자 노인과 일반노인의 건강행태 비교조사 연구」, 경희대학교행정대학원 석사학위논문, 2004.

은 25.9%로 일반노인(21%)에 비해 높았으며, 음주율도 85.4%로 일반노인(74.4%)에 비해 높았다. 운동의 경우 보훈대상자는 하루 평균 운동 시간이 약 42분으로 일반노인의 약 51분에 비해 더 짧은 것으로 나타났다. 영양섭취 상황도 보훈대상자의 경우 좋거나 아주 좋다고 응답한 비율이 51.7%로 일반 노인의 65.1%에 비해 낮은 것으로 나타났다. 대표적인 건강행위인 금연, 절주, 영양, 운동 등을 통해 살펴본 결과 보훈대상자들의 건강행위는 모든 항목에서 일반 노인에 비해 좋지 않은 것으로 나타났다. 이는 동일연구에서 분석한 건강염려도 조사 항목에서도 반영되어, 보훈대상자들의 경우 건강을 걱정한다고 응답한 비율이 89.9%로 일반노인의 79.1%에 비해 높았다.

국가를 위해 헌신한 보훈대상자들의 건강상태는 일반인에 비해 좋지 않으며, 건강을 유지하고 증진시키기 위한 건강행위 또한 일반인들보다 취약한 것으로 나타났다. 만성질환은 한번 앓기 시작하면 치료가 쉽지 않기 때문에 그 무엇보다 예방이 중요하다. 따라서 보훈대상자들을 대상으로 하는 건강상담, 식습관 개선, 금연과 절주 프로그램 및 운동처방 등의 건강증진 프로그램을 개발·제공할 필요가 있다. 재차 강조하지만 건강은 국민 모두의 권리이며, 특히 나라를 위해 헌신하신 분들의 건강을 책임진다는 것은 보훈의 중요한 출발점으로서 건강한 국가를 만드는 원동력이기 때문이다.

2. 보훈의료 어떻게, 어디까지 지원 중인가?

1) 보훈의료보장: 아파도 걱정 없도록

의료보장(health security)에서 보장(Security)은 Se(=without: ~로부터 해방되어)와 Cura(=care: 걱정 혹은 근심)가 결합된 용어이며, 즉 사회구성원이 질병, 부상, 노령, 장애, 출산 등 삶의 과정에서 겪게 되는 건강과 관련된 걱정과 근심을 해소시켜 주는 것을 말한다. 즉 의료보장이란 개인 차원에서 해결할 수 없는 질병 등 의료 제로부터 국민의 건강을 지키기 위해 필요한 보건의료서비스를 국가와 사회가 제도적으로 제공하는 것을 말한다.

의료보장은 소득보장과 함께 사회보장의 큰 축을 담당하며, 질병으로 인한 위험으로부터 국민들의 최저생활 보장이라는 중요한 역할을 수행한다. 또 다른 기능으로는 위험분산을 통해 사회공동체의 연대감을 이루는 것이다. 의료보장의 핵심요소인 사회보험(ex:건강보험)은 개개인이 처한 질병으로부터의 위험을 보험료의 공동갹출과 공동사용이라는 보험의 원리인 위험분산(risk diffusion) 기능을 통해 공동 대처함으로써, 피보험자 간의 연대를 이루어 준다. 즉 개인이 처한 실제의 위험을 평균위험으로 분산시켜 사회공동체가 개인의 위험을 함께 대처하는 것이다.

보훈의료제도는 보훈대상자에 대한 의료보장의 핵심이다. 국가를 수호하다가 부상을 입었거나 가족을 잃은 국가유공자와 그 유가족에 대한 의료복지사업은 세계 각국에서 공히 국가의 기본적인 임무로 국가복지 차원에서 중점적으로 추진하는 역점사업 중 하나이다.* 한국의 보훈의료제도는 1950년 6·25전쟁 발발 후 상이군경에 대한 보상을 중심으로 1961년 군사원호청이 발족하면서 발전의 기틀을 마련하였다. 이후 보훈대상자의 의료욕구를 좀 더 충족시키기 위해 서울, 부산, 광주, 대구, 대전, 인천에 6개의 보훈병원을 설립하고 보훈대상자의 의료 접근성 향상을 위해 2020년 9월 1일 기준 전국적으로 총 328개의 위탁병원을 지정·운영함으로써, 전국적인 보훈의료망이 구축되었다.

---

* 노상희 · 전성훈, 「보훈의료복지의 효율적 전달방안에 관한 연구」, 『보훈학술논문』 5, 2003, 119-158쪽.

현재의 보훈대상자에 대한 의료지원은 크게 국가가 전액 비용을 지원하는 국비진료와 본인이 일정 부분을 부담하는 감면진료로 구분할 수 있다. 먼저 국비진료는 애국지사, 전·공상군경, 4·19혁명부상자, 공상공무원, 6·18자유상이자, 5·18민주화운동부상자, 지원공상군경, 지원공상공무원, 재해부상군경, 재해부상공무원과 고엽제후유(의)증환자, 고엽제후유증2세환자 등을 대상*으로 한다. 보훈대상자들은 보훈병원진료, 위탁병원진료, 전문위탁진료, 응급진료, 통원진료 등을 받을 수 있다. 국비진료의 경우 진료비는 국가 부담이지만, 예외적으로 상급병실료, 치과보철재료대, 외모개선 목적 진료, 예방 진료의 경우 본인이 부담 비용이 발생할 수 있다. 한편, 2012년 7월 이후 이후 등록신청자 중 7급 비상이처 진료는 국가부담분의 10% 정도 본인부담이 발생한다.** 감면진료의 경우 본인 부담 진료비에서 감면비율

* 전상 · 공상 · 재해부상을 입고 전역한 제대군인, 경찰 및 공무원 등으로서 상이등급 미달판정자(상이처에 한함), 고엽제후유(의)증환자 등급미달판정자(인정 질환에 한함).

** 보훈병원진료 · 위탁병원 진료 · 전문위탁진료 · 통원진료 해당, 응급진료 비해당

에 의거하여 진료비를 감면 받는다.* 그 외에 보훈체육재활센터를 운영함으로써, 장애가 있는 보훈대상자에 대한 적정한 평가를 실시하고 필요한 진단, 치료, 생활지도와 훈련을 실시하여 조속한 사회복귀를 지원하고 있다. 보장구센터에서는 보훈대상자가 사용할 의수, 의족 등 각종 보장구 제작, 지급 및 수리를 지원하고 있다. 또한 군인·경찰·공무원으로서 직무수행 중 상이(장애)를 입은 자의 상이등급 분류 신체검사(국가유공자), 장애등급 구분 신체검사(고엽제) 등의 검진업무를 실시하는 등 예방 서비스도 지원하고 있다.

현재 한국보훈복지의료공단(이하 '보훈공단')에서는 의료와 복지 그리고 재활을 모두 아우르는 보훈의료통합복지 서비스(Bohun-THIS)**를 시행하고 있다. 본 프로그램은 진료에서 요양이라는 단순한 서비스에서 진화한 것으로 예방, 진료, 재활, 요양, 양로, 휴양, 주거, 재가복지 등 맞춤식 서비스 제공으로 가정과 가정, 시설과 시설의 경계를 뛰어넘는 전 방위적인 보훈 헬스케어서비스다(〈그림 2〉). 보훈대상자를 위한 재가-병원-재활-요양

---

* 감면대상과 감면비율은 국가보훈처 홈페이지(www.mpva.go.kr) 참조.

** Bohun Total Healthcare Integration Service

을 연결하는 시스템으로, 시설에 찾아오는 환자를 대상으로 한 수동적서비스 제공에서 탈피해 찾아가는 능동적 서비스 제공함으로써 보훈대상자들의 만족도를 높이고 있다. 주요 서비스 내용은 입원대기 상담, 외래대기 도우미, 위탁병원 안내, 가정방문 치료, 가정간호, 이동진료, 가사간병 서비스, 지역보건사업 연계, 생활편의시설 개선, 방문요양, 방문목욕, 급식지원 서비스 등이다. 보훈공단 조사 결과 2018년 보훈의료통합복지 서비스의 만족도는 95.3점으로 2014년 90.3점에 비해 5점 가량 향상된 것으로 나타났다.

〈그림2〉 보훈의료통합복지 서비스 운영시스템

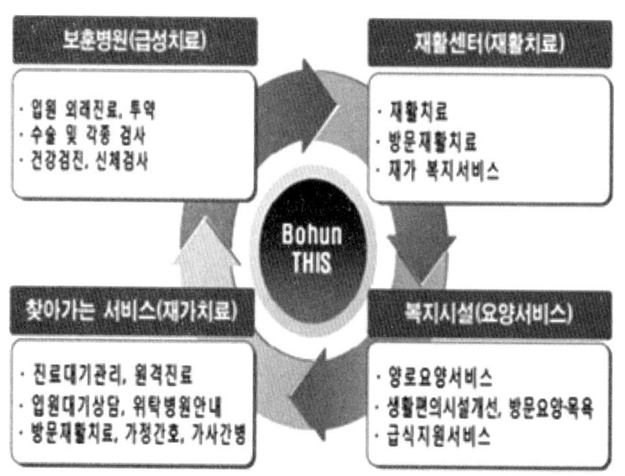

국내 보훈의료제도는 적절한 의료제공을 가능케 함으로써 보훈대상자의 자부심을 높이며, 보훈의료보장의 긍정적 기능과 역할을 수행해 왔다는 평가를 받고 있다. 동시에 보훈대상자들의 지속적인 증가와 노령화, 질병구조의 만성화 등 제도를 둘러싼 환경변화는 여전히 보훈의료제도의 변화를 요구하고 있다. 하지만 변하지 않는 원칙을 잊지 않고 지켜나가고자 노력한다면 보훈의료제도의 개선은 요원한 일은 아닐 것이다. 본격적인 복지국가의 시작을 알린 영국의 유명한 슬로건 '요람에서 무덤까지', 즉 태어나서 죽을 때까지 국가가 국민의 건강한 삶을 보호한다는 말은 한국의 보훈의료에서도 끊임없이 추구해 나가야 할 중대한 원칙 중 하나인 것이다. 보훈의료망과 보훈의료통합복지서비스 등 현재까지 갖춰 놓은 기반을 질적으로 향상시켜 나가는 데 정진한다면 보훈대상자들도 든든한 보훈의료보장 체계 하에서 몸의 건강과 마음의 평안을 얻을 수 있을 것이다.

2) 보훈의료전달체계: 보훈대상자와 보훈의료의 연결고리

의료전달체계(health care delivery system)는 보건의료체계의 하위체계로서 "가용 의료자원을 보다 효율적으로 활용함으로써 필요할 때에 적시에, 적절한 의료기관에서, 적합한 의료인에게, 적정서비스를 받을 수 있도록 제도화하는 것이다."* 구체화해 보자면, 의료전달체계란 1차(의원) - 2차(병원) - 3차(대형병원) 의료기관의 분업과 협력을 의미하며, 적정 의료자원을 활용하여 생산된 의료서비스가 공급자에게서 수요자에게로 효율적이고 접근성 있게 제공되도록 하는 연결구조라고 볼 수 있다.

의료전달체계는 첫째, 의료자원의 효율적인 이용, 둘째, 대형병원으로의 환자 집중 완화, 셋째, 종별 의료기관의 균형적 발전 도모, 넷째, 국민의료비 증가 억제 및 의료체계의 지속가능성 측면에서 중요한 의의가 있다. 즉 환자들의 합리적인 의료서비스 이용을 도모함으로써, 의원 등 지역 의료를 활성화하고 국가 차원에서 의료비를 절감하기 위해 제대로 확립되어야 할 시스템인 것이다. 의료전달체계의 원리는 〈그림 3〉과 같다. 즉 필요의 크기는 작으나 복잡한 시설, 기기와 고도의 의학기술이 필요한 영역(ex: 중증질환)에는 자원의 집중이 요구된다. 반대로 필요의 크기는 크나 비교적 간단한 시설과 장비만 필요한 경우(ex: 경증질환) 자원의 균등

* 유승흠, 「전국민의료보험제도 하에서 의료전달체계와 병원관리」, 『대한병원협회지』 158호, 1988, 34~40쪽.

분포가 요구된다. 이 두 영역의 상호 연계와 협력이 잘 갖춰져 있어야 의료전달체계의 효율성이 구현된다고 할 수 있다.*

〈그림3〉 의료전달체계의 원리

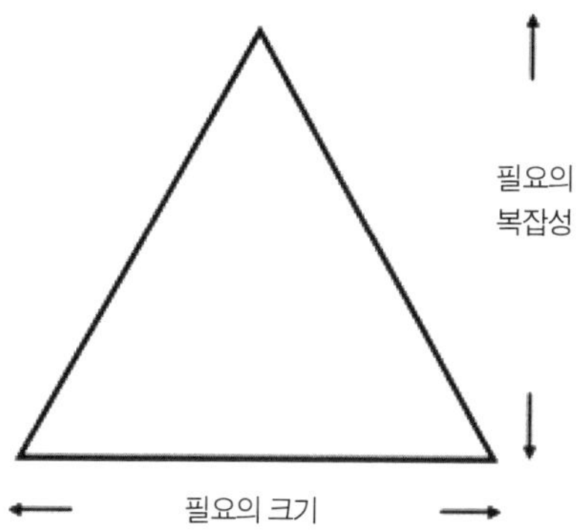

한동안 전국의 진료 권역을 크게 대진료권(8개, 도 단위)과 중진료권(142개, 시·군 단위)으로 구분하기도 하였으나, 규제개혁 차원에서 폐지되고 1단계 요양급여와 2단계 요양급여로 구분하여 현재까지 운영하고 있다. 하지만, 유명무실한 진료의료제도, 대형

* 이진석, 「보건의료자원과 의료전달체계」, 서울의대 의료관리학교실, 보건의료제공체계의 구성원리, 2012.

병원으로의 환자 집중으로 인한 의료비 증가 등 의료 시스템의 비효율이 초래되고 있다. 실제로 국내의 2017-2018년 의료비 증가율은 9.0%로서 OECD 회원국 평균(2.4%)을 크게 상회하고, 리투아니아(10.1%)에 이어 2위였다.

보훈의료전달체계는 전국에 소재한 총 6개의 보훈병원과 위탁병원들을 통해 보훈의료서비스가 보훈대상자들에게 원활하게 제공되도록 하는 연결고리라고 할 수 있다. 현재 보훈의료전달체계는 장기적인 보호와 복약순응이 필요한 만성질환자들이 가까운 위탁병원을 이용하도록 하는 1단계, 지역 거점에 위치한 보훈병원을 중심으로 의료서비스를 제공하는 2단계, 그리고 암이나 중증질환을 중심으로 치료 및 수술을 담당하는 3단계로 구분되어 있으나, 실질적으로는 다음의 문제점들이 있다.

먼저, 보훈병원과 위탁병원 간의 유기적인 협력이 미흡하다는 것이다. 현재 6개 보훈병원과 위탁병원들이 보훈대상자들을 대상으로 의료서비스를 제공할 때 상호보완적이어야 하나 현실적으로는 경쟁관계에 놓여 있다. 이는 초기에 유기적인 보훈의료전달체계를 구축하기보다는 이용자의 지리적 거리 해소에 중점을 두고 위탁병원을 지정한 것이 주요 원인으로 지목되고 있다. 그리고 6개의 보훈병원은 모두 2차 의료기관인 병원급으로, 중증질환 진료를 위한 3차 의료기관이나 경증환자를 돌볼 수 있는 의원급이 없는 실정이다. 또한 2019년 기준 위탁병원은 총 321개로서 이 중에서 의원급은 28%로 매우 낮은 비중을 차지한다. 이는 1차 의료기관인 의원이 전체 의료기관에서 차지하는 비중인 94.5%에 비해 상당히 낮은 수치이다. 따라서 의원급에서도 충분히 진료할 수 있는 경증·외래환자나 만성질환자들의 의료 이용이 병원급에서 이루어지는 비효율성이 초래되고 있으며, 그 결과로 중증질환자들에게 질 높은 의료서비스 제공이 미흡한 상황이다. 실제로 위탁병원 진료를 위한 정부 지원금은 2008년 1,348억 원에서 2017년 2,098억 원으로 크게 증가한 바 있다. 이러한 보훈의료 재정 지출의 증가는 보훈의료전달체계의 비효율성에서 하나의 원인을 찾을 수 있다.

현행 보훈의료전달체계는 가속화되는 인구 고령화와 급성감염성질환에서 만성퇴행성질환으로 변해 가는 질병 구조에 대응하기에는 한계가 있다고 볼 수 있다. 따라서 의료기관 종별 분류에 따라 보훈의료전달체계를 개선하여 보훈의료의 지속가능성을 확보할 필요가 있다. 보건복지부(이하 '복지부')는 이와 관련하여 의료기관 기능 재정립을 통해 의료체계의 효율성 강화를 도모하고 있다(〈표 4〉).

〈표 4〉 의료기관 기능 재정립 방향

의원	병원	대형병원
일차의료서비스 질제고	전문화, 지역거점화	고도화
경증·외래환자 중심 만성질환 관리체계 구축 노인, 소아 등 관리 확대	입원환자 중심 지역 거점병원 육성 전문병원, 특화병원 도입	중증질환 중심 연구중심병원 육성 전문의료센터, 글로벌화

출처: 보건복지부

이제 보훈의료 자원의 효율적인 분배와 보훈대상자들의 의료서비스 필요의 크기와 복잡성에 적합한 수준의 보훈의료서비스 제공 체계가 유기적으로 작동될 수 있도록 하는 보훈의료 기능 재정립 방안을 모색해야 할 시점이다. 이 작업은 보훈대상자가 보훈 의료를 제공받는 시작점부터 살펴볼 필요가 있다.

3. 일차의료: 보훈의료의 첫 단추이자 근간

1) 정의와 효과 및 주요국의 동향

선진국을 포함한 많은 나라에서 의료의 효율성과 형평성 문제를 개선하기 위해 일차의료 강화가 부상하고 있다. 일차의료 연구의 세계적 권위자인 스타필드(Starfield)에 따르면, 일차의료라는 용어는 1920년 영국의 도슨보고서(Dawson Report)에서 제안된 일차보건센터(primary health center)에서 비롯되었다. 그 보고서에는 영국의 의료체계를 일반의(general practitioner, GP)들의 네트워크와 전문의들이 근무하는 보건센터(health center)의 이원체계(two tier system)로 구성하도록 제안되었으며, 일차의료를 그 지역의 의사가 지역 주민들에게 예방과 치료 서비스를 제공하는 것이라고 정의하였다. 스타필드*는 일차의료를 성별, 질병 및 신체 상태와 관계없이 인구집단에 대해 최초로 접촉하게 되는 지속적이고 포괄적이며, 조절/연계하는 서비스의 제공이라고 정의하였다. 국내 일차의료 학계에서는 이재호 등**이 델파이 기법(Delphi technique)을 통해 일차의료를 건강을 위하여 가장 먼저 대하는 보건의료로서, 환자의 가족과 지역사회를 잘 알고 있는 주치의가 환자-의사 관계를 지속하면서 보건의료 자원을 모으고

---

* Starfield, B.(1992), Primary care: concept, evaluation, and policy. New York: Oxford University Press.

** 이재호, 최용준, Robert J. Volk, 김수영, 김용식, 박훈기, 전태희, 홍승권, Stephen J, Spann(2014), 「델파이법을 이용한 일차의료 개념정의: 이차출판」, 『보건행정학회지』 24(1), 100-106쪽.

알맞게 조정하여 주민에게 흔한 건강문제들을 해결하는 분야라고 정의했으며, 일차의료 기능을 효과적으로 수행하기 위해서는 여러 분야 보건의료인들의 협력과 주민의 참여가 필요하다고 하였다.

이상의 여러 정의에서 알 수 있는 일차의료의 핵심 속성은 최초 접촉(first contact), 지속성(continuity), 포괄성(comprehensiveness), 조정성(coordination)이다. 최초 접촉이란, 아플 때나 검사 또는 치료 상담을 하고자 할 때, 주로 방문하는 의사/의료기관을 말한다. 이는 단순히 최초의 지점뿐만 아니라 지리적 위치, 진료시간, 비용부담 등의 접근성까지 내포하는 개념이다. 지속성이란 의료의 질을 측정함에 있어서도 중요한 속성으로 환자-주치의의 관계 지속은 의사로 하여금 환자를 좀 더 잘 파악하게 하고, 처방된 약물의 순응도를 높이며, 예방 서비스를 더 잘 받게 하여 효율적인 건강관리가 가능하게 해 준다. 포괄성이란 단순히 처치나 치료 등 사후적인 측면의 의료서비스만 제공하는 것이 아니라 건강검진, 운동처방 그리고 건강상담 등 사전 예방적인 서비스도 제공한다는 것을 의미한다. 조정성은 일반의가 전문의에게 자문하거나 의뢰(refer)하는 조정자(navigator) 역할과 불필요한 경우 의뢰를 하지 않도록 부여된 문지기(gatekeeper) 역할을 수행하는 것을 말한다. 일차의료의 일차 목적은 지역사회의 맥락을 고려하여 지속적으로 전반적인 환자의 건강문제를 해결하고자 자원을 알맞게 조정하는 문지기 기능을 통해 환자들에게 합리적인 의료 이용을 유도하고 건강행태를 개선하는 것이다.

일차의료의 효과에 관한 연구를 살펴보면, 일차의료는 인구집단의 건강상태 향상, 의료 이용 및 건강행태의 개선 등 다양한 효과가 있는 것으로 알려져 있다. 먼저 인구 대비 일차 의료인의 비율이 높은 지역이 그렇지 못한 지역보다 총 사망률 등이 낮고 평균수명은 긴 것으로 나타났다. 또한 일차의료와 의료이용 행태를 살펴본 연구들에 따르면, 일차의료는 입원율과 입원일수, 응급실 방문 및 의료비 감소 등의 효과가 있는 것으로 나타났다. 일차의료가 건강행위에 미치는 영향을 분석한 다수의 연구 결과를 보면, 일차의료가 복약순응, 흡연, 음주 등 건강행위의 개선에 긍정적인 영향을 미치고 있다. 일차의료 의사와 전문의들의 제2형 당뇨병 및 고혈압을 앓고 있는 만성질환자를 진료한 결과에는 유의미한 차이가 없는 반면, 의료비용과 직결되는 자원 소모량은 일차의료 의사에서 더 적게 나타난 연구 결과에서는 일차의료의 효율성을 확인할 수 있다.*

세계 각국에서도 위와 같은 일차의료의 효과에 주목하고 있다. 지난 30년간 세계 각국의 일차의료에는 공통된 경향이 나타나고 있다. 즉 일차의료를 하나의 전문분야로 인정한 것, 그룹진료 의원의 증가, 다학제 일차보건의료팀, 간호사의 역할 강조, 지불제도에 있어서 행위별수가제 외에도 인두제와 성과연동지불제(payment for performance) 등 다양한 방식의 혼합, 그리고 문지기 기능(gate-keeping)의 강화 등이다(WHO, 2013). 먼저, 영국은 문지기(gate keeper) 제도를 운영하고 있으며, 2004년에 일차의료의 질적 향상을 위해 재정적인 인센티브를 도입하는 등 의료개혁을 실시한 바 있는데 총 처방량의 감소, 병원 입원율 감소 등의 성과를 보였다. 호주는 만성질환 관리에 취약한 자국의 의료 시스템을 보완하고자 일차의료에 토대를 둔 의원성과급제도(Practice Incentives Program)를 시행하고 있다. 주요 대상 질환은

---

* 이주현, 「일차 의료인과 건강 결과 지표의 연관성」, 서울대학교대학원 석사학위논문, 2009; OECD(2014). Health Data 2013; Greenfield S, Rogers W, Mangotich M, Carney MF, Tarlov AR.(1995) Outcomes of patients with hypertension and non-insulin dependent diabetes mellitus treated by different systems and specialties: results from the medical outcomes study. Journal of the American Medical Association, 274:1436-1444.

당뇨병, 자궁경부암, 천식 등이며, 의료의 질을 평가한 후 인센티브를 통해 의원들의 만성질환관리의 질 향상을 도모하고 있다.

2) 국내 일차의료 동향

현재 한국의 경우 세계 주요국의 동향과 달리 지난 30년간 일차의료 영역에서 가정의학을 의학의 한 전문분야로 도입한 것 외에는 거의 달라진 것이 없다. 각 분야의 전문의들이 사실상 최초 접촉 진료를 담당하고 있고, 병원 부문과 달리 서비스 제공기관에 대한 질 평가 제도가 마련되어 있지 않다.* 일차의료가 국가보건의료체계 내에서 차지하는 역할의 중요성은 여러 나라에서 오래전부터 알려져 왔으나, 한국에서는 보건의료체계 하부구조 자체의 문제와 일차의료 발전에 소극적인 정부의 정책 등으로 인해 일차의료가 확립되지 못하고 있다.** 한국의 일차의료는 엄격한 문지기 제도도 없고 의료 이용에 있어 명확한 전달체계

---

* 이재호, 고병수, 임종한, 이상일, 「일차의료 표준모형과 질 평가체계」, 『대한보건연구』 56(10), 2013, 866-880쪽.

** 김창엽(2000), 「한국 일차의료의 현실과 과제」, 『대한보건연구』 37(1), 2000, 25-35쪽.

도 확립되어 있지 않아 자원 배분의 형평성, 의료 이용의 효율성 및 건강관리 효과성 측면에서 개선이 요구되며, 특히 만성질환 관리에 있어서 지속성과 포괄성이 결여되어 있는 것으로 평가받고 있다.* 또한 취약한 공공기반과 국가의 무관심 속에 일차의료의 개념과 가치가 주요 행위자 간에 제대로 이해되지 못하고 일차의료는 적절한 역할을 부여받지 못하고 있다. 국민들도 제대로 된 일차의료를 경험할 기회도 갖지 못한 채 분절되고 과도하게 전문화된 서비스 속에서 대형병원, 고가 의료장비와 첨단 서비스를 좋은 의료의 질로 오인하고 있다.**

하지만 최근 변화의 움직임이 일어나고 있다. 인구 고령화와 만성질환의 증가가 국내 의료체계의 지속가능성과 국민건강을 위협하는 상황에서, 정부는 2011년 10월 일차의료 활성화를 위해 선택의원제 구상안을 발표하였으며, 2012년 4월부터 동네의원 만성질환관리제를 시행하고 있다. 동네의원 만성질환관리제는 의원급 의료기관을 지속적으로 이용해 온 고혈압, 당뇨병 환

* 윤희숙, 이상일, 『한국 일차의료 발전방향의 모색』, 한국개발원, 2012.

** 정현진, 이희영, 이재호, 이태진, 「일차의료 강화를 위한 지불제도 개편방안」, 『대한보건연구』 56(10), 2013, 881-890쪽.

자의 진찰료 본인부담을 30%에서 20%로 감면해주고, 동시에 환자를 관리하는 의원급 의료기관은 환자관리 평가에 따라 사후 인센티브를 지급하는 방식이다. 특히 이 제도는 만성질환자에게 맞춤형 건강정보를 제공하고 자조모임을 운영하는 등 다양한 건강지원 서비스를 제공하며, 이 제도에 참여하는 의원은 「만성질환관리에 대한 요양급여비용 가산기준」 고시에 따른 인센티브를 지급받게 된다. 2014년 지역사회 일차의료 시범사업에서는 기존 만성질환관리사업의 미흡했던 포괄평가 및 교육·상담료가 신설되었다.

2016년부터 시작된 만성질환관리 수가시범사업에서는 환자관리에 초점을 두어 비대면 서비스에 대해 보상하는 방안이 시행되고 있다. 이 시범사업은 전국 소재 1,173개 의원의 고혈압·당뇨병 환자 5만1천여 명이 참여(2018.7.등록기준)하고 있다. 서비스 모형을 보면 의사는 대면 진료를 통해 환자의 건강상태를 평가하여 관리계획을 수립하고, 다음 대면진료 사이에 환자가 주1회 이상 주기적으로 혈압·혈당을 측정하여 모바일앱·인터넷 등을 통해 수치를 전송하면 모니터링 후 피드백을 실시하고, 필요시 월 2회 이내로 전화상담을 제공한다. 또한 스마트폰 또는 인터넷이 없거나 이용에 어려움을 겪는 만65세 이상 노인의 경우 의원에 전화 또는 문자로 직접 혈압·혈당 수치를 알려주도록 하여 참여를 유도하고 있다. 시간적 제약으로 의료기관 이용이 어려운 직장인 등은 비대면 관리를 통해 효율적으로 만성질환관리가 가능하도록 돕고 있다.

보훈의료체계에서도 위와 같은 의료시스템의 변화에 대응할 필요가 있다. 의료자원을 효율적으로 활용하면서 보훈대상자들의 요구를 충족시킬 수 있는 의료서비스를 적재적소에서 받을 수 있도록 1차 위탁병의원 - 2차 보훈병원 - 3차 중앙보훈병원의 진료 협력과 기능별 활성화를 도모해야 한다. 인구 고령화와 질병 만성화라는 환경 변화에 강한 보훈의료전달체계를 구축하는 것은 '우리를 지켜준 당신, 우리가 지켜갈 당신'이라는 슬로건을 실현하는 데 우선순위가 높은 국가보훈의 약속이 될 것이다.

4. 건강보장은 보훈의 시작과 끝

'보훈이란 무엇인가?'라는 질문에는 다양한 대답이 존재하겠지만 "보훈은 결국 국가를 위해 희생하신 분들의 건강을 지켜드리는 것이다"는 대답이, 완벽한 정답은 아니지만 훌륭한 명답에 가까울 것이다. 국가의 보훈정책 중 보훈의료가 차지하는 비중이 높은 것은 위의 대답을 명답이라고 생각하는 사람들이 많고 그만큼 사회적 공감대가 형성되어 있다는 것을 말해준다.

추가로 '보훈의료가 가야 할 길은 어디인가?'라고 질문한다면 보훈의 사회적 기능이 무엇인지 우선 되짚어 봐야 한다. 사회가 지속적으로 유지되고 발전해 나가려면 사회 구성원들이 각자의 자리에서 맡은바 역할을 수행할 수 있어야 한다. 이때 사회 구성원들의 건강은 위와 같은 역할을 수행하는 데 가장 중요한 요소이다. 따라서 보훈의료란 결국 우리와 사회를 함께 이루고 있는 보훈대상자들이 건강하고 질 높은 삶을 향유할 수 있게 해주는 데 가장 큰 목적이 있다.

전술한 대로 보훈대상자들의 건강상태는 일반인에 비해 상대적으로 좋지 못하다. 말 그대로 몸도 아프고 마음도 슬픈 상태이다. 보훈의료는 과거의 헌신으로 인해 겪고 있는, 혹은 겪게 될 아픔과 슬픔들을 함께함으로써 우리 사회의 건강을 보장해주는 사회적 역할을 더욱 충실하게 수행할 수 있도록 해야 한다. 현재까지 보훈의료는 위와 같은 중요한 사회적 역할을 담당해 왔다. 하지만 앞으로 주어질 보훈의 사회적 역할은 더욱 커지고 변화할 것으로 예상되고 있다. 인구 고령화, 질병 만성화, 의료비 증가 등의 환경변화 보훈대상자들의 욕구 다양화 등 보훈의료가 적응하며 극복해 나가야할 관문들이 많이 있다.

위 관문을 헤쳐 나갈 수 있는 다양한 접근 방법이 있겠지만 먼저 일차의료의 강화를 토대로 하여 유기적인 보훈의료전달체계를 구축할 필요가 있다. 위탁병원에 의원급의 비중을 높여서 보훈의료전달체계의 최초 진입점을 전국 곳곳에 확보하여 보훈의료의 접근성을 제고하는 것이 관건이다. 즉 일차의료의 핵심 속성인 최초 접촉을 강화하는 것이다. 장기적으로는 많은 이해관계자의 합의가 필요하겠지만 보훈대상자를 위한 보훈의료 주치의 제도를 도입하는 방안도 고려할 필요가 있다. 주치의 제도의 도입은 지속성이라는 일차의료의 중요한 핵심 속성이자 의료의 질 향상과 평가에 있어서 중요한 지표이다. 이 부분은 수가개선과 지불제도 개편 및 인센티브 마련 등 선결과제가 많지만, 보훈의료 주치의가 보훈대상자를 위한 지속적인 건강 모니터링 및 상담 서비스를 제공해 준다면 보훈대상자의 질병예방과 건강증진에 큰 역할을 할 수 있을 것이다.

고령자가 대다수인 보훈대상자가 앓고 있는 만성질환은 그 시작과 끝을 알기 어렵다는 특성이 있다. 따라서 보훈의료 주치의 제도가 보훈의료의 첫 단추가 되고 보훈대상자와 지속적인 관계를 유지하여, 예방부터 치료까지 포괄성 있는 의료서비스를 제공할 수 있는 여건을 마련해 나가는 것이 중요하다. 이를 통해 보훈의료의 70-80%의 대다수의 의료 욕구를 해결하고, 여기서 해결이 안 되는 경우 병원과 중앙보훈병원 등으로 유기적으로 연계해 주는 보훈의료의 조정성을 강화하는 작업도 추진해 가야 한다. 보훈의료의 전원(Refer)과 회송(Transition)의 선순환 구조를 만들기 위해서는 효율적인 전원을 위한 의료기관 간 의료정보 공유, 회송료의 현실화 등 뒷받침 되어야 할 요소들이 많다. 따라서 일차의료 강화를 통한 보훈의료의 지속가능성 확보를 위해서는 보훈대상자의 의료 욕구에 맞는 의료자원의 효율적인 분배가 중요하며, 이는 곧 일차의료의 핵심속성들이 보훈의료체계 내에서 잘 구현될 수 있는 만들어 나가는 작업이 될 것이다.

마지막으로 아직 보훈대상자들의 건강결정요인에 대한 연구는 안타깝게도 많이 부족하다. 국가에 대한 헌신 과정에서 입은 상처와 아픔 이외에, 그들의 현재 건강상태에 영향을 미친 복합적인 원인들을 규명함으로써 더욱 촘촘하게 이들을 보듬어줄 수 있는 방안을 마련해야 한다. 또한 단순한 건강상태에 대한 실태조사에서 더 나아가 건강행위도 정기적으로 조사함으로써 보훈대상자들의 건강함과 건강해지는 과정 모두를 전 방위적으로 살펴볼 필요가 있다.

외세의 침략, 전쟁의 공포, 사회의 아픔으로부터 우리의 안위와 삶을 먼저 지켜준 보훈대상자들을 이제는 우리가 지켜드려야 한다. 보훈대상자들이 하루하루 질 높은 삶을 향유할 수 있도록 해 주는 보훈의 첫걸음은 이분들의 건강을 지켜고 증진시키는 데서 시작된다. 보훈은 국가를 위해 헌신한 분들의 몸과 마음을 어루만져 줌으로써, 사회 전체를 건강하게 만들어가는 촉진제이다. 보훈은 결과물이 아닌 과정이 되어야 한다. 보훈대상자들의 여생을 건강하게 살아갈 수 있도록 해주는 건강보장 체계를 구축하는 것은 '우리를 지켜준 당신 우리가 지켜갈 당신'이라는 슬로건을 달성하는 과정에서 가장 중요한 구심점이 되어야 한다. 이 구심점은 다시 사회를 더욱 따듯하게 포용하는 보훈문화로 확산되어 보다 큰 보훈의 원을 그릴 수 있는 원동력이 될 것이다.

마음 건강을 위한 준비

: 보훈과 정신건강

김 진 성_ 나무와숲 심리보건연구소장

1. 들어가는 말

마음이 편안하지 않다면 행복한 삶은 불가능하다. 아무리 많은 돈을 보유하고 높은 지위에 올라도, 과도한 불안감을 안고 살아간다면 행복한 삶이라 할 수 없을 것이다. 따라서 많은 사람들은 행복한 삶을 위해 심리적 안정감 혹은 마음의 건강을 희망한다. 여러 자료에서 나타나듯이 보훈대상자는 마음 건강이 취약하다. 이러한 문제는 오래되었지만, 아직까지 당사자의 문제만으로 치부하는 경향을 배제할 수 없다. 마음 건강은 더 이상 혼자만의 노력으로 해결할 수 없는 복잡한 영역이다. 다양한 사회분야와의 유기적인 연계가 요구되며, 미시적 관점에서의 의료와 심리적 요인을 파악하는 동시에 주거, 근로, 환경, 정책 변화와 같은 거시적 관점의 접근을 복합적으로 병행해야 효율적으로 개선할 수 있다.

2. 경제 발전의 대가

전 세계가 놀란 코리아의 경제 발전! 우리나라는 20세기 중반 이후 급속도로 발전하고 있으며, 지금도 진행 중이다. 하지만 그러한 경제적 발전에 부정적 측면이 같이 따라오는데, 그 중 하나는 과도한 경쟁 속에서의 정신건강 악화라는 측면이다. 2017년 OECD에서 발표한 '삶의 만족도' 평가에서 대한민국은 불행히도 OECD 평균(6.5점)보다 낮은 5.5점이었다. UN World Happiness Report(2018)에서는 '행복지수'가 61위였다. 2018년에 58위였는데 그 사이 3단계 하락하였고, 더욱이 국내의 경제 수준이 세계에서 12위인 점을 고려할 때 우리나라 사람들의 행복한 삶의 수준은 현저하게 낮은 상태이다.

국내의 정신건강 실태를 살펴보면 정신질환 평생 유병률이 여자인 경우 21.9%이며, 남자인 경우 28.8%로 높다. 이러한 결과는 열의 세 명은 평생에 한번은 정신건강 문제를 경험하게 된다는 것이며, 더 이상 정신건강 문제가 남의 이야기가 아니라는 점을 말해준다. 국립정신건강센터 자료에 의하면 정신건강 문제로 인한 사회적 비용인 GDP의 4%에 해당하며, 한 명이 정신질환에 걸림으로 인한 사회적 손실액은 1억 원 수준이다. 정신질환은 사회적 비용뿐 아니라 개개인의 삶의 만족감에도 치명적이다. 사람들은 삶에 대한 만족감이 저하된다면 당연히 정신건강이 낮을 수밖에 없다. 2019년 OECD에서 발표한 자살률(인구 10만 명당) 조사 결과를 보면 우리나라 자살률은 24.6명으로 OECD 국가 중 가장 높다. 정부는 높은 자살률을 국가적으로 매우 심각한 수준으로 인식하고 있으며, 지난 수년간 다양한 방식으로 대응하고 있다. 하지만 아직까지는 가시적이고 실질적인 변화는 나타나지 않고 있어 안타깝다. 아울러 일반인의 자살률과 함께 고려해야 될 사항은 퇴역군인이나 사회적 소외계층들의 자살률은 더욱 심각하다는 사실이다. 미국의 2013년 퇴역군인의 자료를 분석한 결과 이들은 일반인보다 자살 위험이 22% 더 높게 나타나고 있다. 실제로 30년 전 외상후스트레스 진단을 받은 퇴역군인의 50%는 30여 년 지난 시점에도 외상후스트레스 증상들이 지속되고 있다는 사실이다. 따라서 퇴역군인의 자살률이나 정신질환에 대한 주의는 간과할 수 없는 매우 심각한 수준이라고 생각된다.

3. 일반인보다 심각한 보훈대상자의 정신건강 수준

국내 보훈대상자들의 정신건강 문제는 일반인보다 더욱 심각한 상태이며, 지속적인 주의가 요구된다. 2018년 국가보훈대상자 생활실태조사에 따르면 국가보훈대상자 중 일상생활에서 스트레스를 느낀다고 응답한 대상자는 전체 응답자의 82.3%로 일반인 54.4%보다 높은 수준이다. 우울증 척도(CES-D)를 활용하여 국가보훈대상자의 우울증을 분석한 결과, 조사에 참여한 국가보훈대상자의 51.6%가 우울위험군 또는 고위험군에 해당하는 것으로 나타났으며, 80대 이상 고연령인 경우 우울위험군 또는 고위험군 비율이 66.4%로 더욱 심각한 수준이었다. 우울증은 자살과 매우 밀접한 연관성을 가지고 있는데, 자살시도자의 70-80%는 우울감을 호소하고 있고, 자살을 기도한 유경험자는 일반인보다 주요 우울장애를 경험할 가능성이 6.5배로 높게 나타나고 있다. 정신건강 문제의 심각성을 인식한 보훈병원에서도 2018년부터 심리상담지원 프로그램을 운영하고 있으나, 조사에 참여한 보훈대상자의 22%만이 프로그램 이용 의향이 있다고 응답하는 등 좀 더 적극적인 개입이 요구되는 상황이다. 전 세계적으로 정신장애가 있음에도 불구하고 치료를 받지 않는 인구는 매우 많은 상황이다. 정신질환 치료 접근성에 부정적 영향을 미치는 주요 요인으로는 사회적 편견과 낙인, 경제적 부담 그리고 낮은 의료접근성 등을 고려할 수 있다. 이러한 포괄적인 문제는 정신장애가 더 이상 정신 관련 전문영역의 문제가 아닌 정치, 경제, 사회, 문화 등의 다양한 부문 협력이 필요한 복잡한 질환임을 암시한다.

4. 하나의 접근으로 해결할 수 없는 정신건강의 복잡성

WHO가 규정한 건강의 정의는 다음과 같다. 건강은 '단순히 병이나 질환이 없는 상태를 넘어서서, 신체적·정신적·사회적 안녕이 완전히 이루어진 상태'이다. 이러한 건강의 정의를 고려할 때 정신건강의 개념을 새롭게 고려할 수 있다. 먼저 정신건강은 통합적인 건강의 한 부분이라는 점이다. 그리고 정신건강은 단순히 정신질환의 부재 이상의 상태를 의미한다. 또한 정신건강은 신체적 건강이나 행동과 밀접히 관련되어 있다. 따라서 정신건강이란? "한 개인이 자신의 능력을 실현하고, 일상적인 삶의 스트레스에 대처하고 생산적으로 일할 수 있으며, 그가 속한 지역사회에 기여할 수 있는 안녕 상태"라고 정의한 WHO의 의미를 포함한다. 이러한 정신건강의 정의는 개인 및 지역사회의 안녕과 효과적인 기능 수행의 토대라고 볼 수 있고, 치료의 관점에서도 질환 발생 이전으로 증상이 완벽하게 없어지는 생물학적 치료 개념보다는 정신과적 증상이 일부 남아 있어도 다양한 치료적 개입 하에 자신의 삶을 유지하고 생산적으로 지역사회에 기여할 수 있는 재활의 개념이 중요하게 인식되고 있다. 무엇보다 정신질환의 재활 개념과 WHO의 통합적인 건강으로서의 정신건강이 실현되기 위해서는, 정신건강 전문가와 정신건강 당사자의 노력뿐 아니라 지역사회 혹은 국가 차원의 다양한 분야의 상호협력이 요구된다. 그럼에도 불구하고 아직까지 정신건강 문제를 단순히 개인의 의지력 문제로 치부하거나, 정신이 이상해져서 치료와 예방이 불가능한 불치병으로 인식하는 경향이 많아 안타깝다.

5. 미시적 접근의 정신질환과 거시적 접근의 정신건강

정신질환(mental disorder)의 사전적 의미는 "'정신병 혹은 정신장애'로 불리며, 개인적·사회적 기능에 있어서 문제를 일으키는 행동과 정신적 이상"이다. 반면 정신건강(mental health)은 정신질환뿐 아니라 자신의 잠재력을 실현하고 공동체의 이익에 기여할 수 있는 것이기에, 정신질환보다 좀 더 포괄적이고 거시적인 수준이다. 지난 20여 년간 정신건강에 대한 사회적·학문적 관심은 점차 증가하고 있는데, 왜냐하면 정신건강을 배제하고는 더 이상 삶의 질을 보장할 수 없다는 연구가 확인되었고, 정신건강으로 발생되는 사회적 부담금이 매우 심각한 수준이라는 위기감이 공유되었기 때문이다. 사실 정신건강 문제는 과거부터 심각한 사회문제였음에도 불구하고, 오랜 기간 정신건강의 개념이 애매모호하게 인식되고 정신장애에 대한 사회적 편견, 즉 "정신질환은 의지력이 약해서 나타나는 질환이야! 정신질환은 치료가 불가능해! 정신질환은 귀신이 들어온 거야!" 등 중요한 사회문제로 관심을 받지 못하였다.

하지만 최근 일반 대중에게도 정신건강의 중요성이 인식되고 있다. 정신건강 상태는 신체적 건강과 삶의 질에 영향을 주는 결정적 요인이며, 전체적인 건강과 안녕을 증진시키는 핵심 요인이라고 받아들여지고 있다. 더불어 전 세계적으로 정신적 불건강상태가 확산되는 것에 대한 깊은 우려가 증폭되고 있는데,

WHO와 국제은행에서 공동으로 진행한 연구에 따르면 2020년까지 전 세계적으로 우울증이 두 번째로 큰 질병 부담 질환으로 밝혀졌으며, 2030년에는 질병 부담금이 가장 높은 질병이 될 것으로 예측하고 있다. 이렇듯 정신질환은 1980년대 이전에는 사회적·학문적 관심이 현재보다 낮은 상태였으나 점차 정신장애로 인한 위험요인에 연구와 관심을 집중하고 있는 실정이다.

'그렇다면 정신질환을 포함하는 정신건강 문제는 100년 전에도 심각한 수준이었나?' '그 시절에는 정신과 약이 없었을 텐데 어떻게 치료를 했을까?' '정신장애인도 사회 구성원으로 활동했는가?' 등의 궁금증이 떠오른다. 현재의 정신건강 문제를 이해하고 대처하기 위해서는 먼저 정신건강 문제에 대한 사회적 태도의 시대적 변화를 이해하는 것이 필요할 것이다. 서양에서는 그리고 우리나라에서는 그동안 정신건강에 대해서 어떤 태도와 입장을 견지하였는지 안다면 현재의 상황을 좀 더 잘 설명할 수 있을 것이다. 그리고 현재의 보훈대상자의 정신건강에 대한 대응과 이해를 살펴보면서 국외의 현황과 같이 비교한다면 향후 보훈대상자의 정신건강 증진의 방향을 잘 찾을 수 있을 것으로 생각된다.

6. 정신질환에 대한 태도 변천사

1) 선사시대부터 그리스-로마 시대까지

선사시대와 초기 역사시대에는 샤머니즘이 우세하여 일상의 모든 일들이 신과 밀접하게 연결되어 있었다. 그렇기 때문에 정신질환은 신이 정해 놓은 금기(taboo)를 범했기 때문에 생긴 것이며 신의 벌을 받아 정신이상자가 되었다고 생각했다. 혹은 악령이 몸 안에 들어와서 그 사람의 생각, 행동, 감정 등을 조절하며, 그 사람은 악령의 지시에 따라서 행동하는 것으로 생각했다. 그래서 악령이나 귀신을 쫓기 위해서 인디언의 주술사나 동양의 무속인들이 다양한 샤머니즘 치료 의식을 펼쳤다.

그리스 시대는 정신질환에 대한 과학적이고 질환 중심 접근이 나타난 시기이다. 의학의 아버지로 불리는 그리스 시대 의사 히포크라테스(Hippocrates)는 정신질환이 신의 벌이 아니라 신체적 질병임을 강조했다. 그는 의학을 종교와 미신으로부터 분리하였으며, 정신질환에 대해서 최초로 의학적 모델을 적용한 역사적 인물이다. 그리고 정신질환은 생리학적 요인뿐 아니라 스트레스, 감정 그리고 환경적 요인도 발생 원인이 될 수 있다고 설명하였는데, 이러한 관점은 정신질환의 원인에 대한 오늘날의 취약성 스트레스 모형과 매우 유사한 접근이며, 이러한 설득력 있는 주장을 B.C.300년대에 제기했다는 점은 매우 놀라운 사실이다. 로마 시대에는 유명한 정치가 키케로(Cicero)가 정신질환에 대한 그리스 시대의 과학적 이해를 계승하였으며, 정신질환자들이 각종 범죄로부터 법적 보호를 받을 수 있는 사회보장을 제공하였다. 이렇듯 그리스-로마 시대는 정신질환에 대한 과학적·의학적 접근을 통해 주술적인 치료와 대비되는 중요한 변화를 가져왔다.

2) 중세 시대와 16세기 유럽과 프랑스 혁명 시기

중세 시기는 정신질환 관점에서 로마제국 이후 혼돈의 암흑기라 평가 받는다. 로마 시대에 발전했던 정신질환에 대한 의학적·심리적·환경적 개념과 접근 태도가 붕괴되었으며, 정신질환자들을 마귀로 지명하였다. 종교적 망상과 증상을 보이는 경우 이단으로 취급하였으며, 고문과 마녀사냥 같은 잔혹한 모습이 나타났다. 또한 이러한 악령을 쫓아내는 행위로 엑소시즘(Exocism)이 성행하였다. 하지만 이러한 암흑기도 점차 변화가 나타났는데, 16세기에 들어오면서 중세시대의 마녀사랑이나 악령에 대한 처형은 막을 내리고 그 대신 떠돌아다니는 정신질환자들을 일정한 시설에 대거 수용하는 시기가 시작됐다. 16세기 이전의 나환자 수용 시설은 폐병환자와 정신질환자로 채워졌고, 산업사회의 노동자원으로 활용되었다. 이러한 감금은 사회보호책의 일환으로 작동되었다. 하지만 프랑스 혁명의 평등주의와 발맞추어 정신질환에 대한 시각에도 점차 변화가 나타났는데, 정신과 의사 피넬(Pinel)은 정서적 불안을 열정의 조화 문제로 주장하였고, 수용된 정신질환자에게 자유롭고 포근한 환경을 조성해 주어야 한다는 인도주의적 도덕 치료를 주장하였다. 당시 도덕 치료는 성공하지 못하였지만 정신질환을 대하는 태도의 새로운 변화 움직임을 보여주었다.

3) 크레펠린(Kraepelin)의 의학모형과 프로이트의 정신분석

프랑스의 피넬의 인도주의적인 도덕적 치료 제안 이후 그리스- 로마 시대에 나타난 정신질환의 의학 모형이 재등장하였다. 당시 의학 모형을 주장한 대표적인 사람들로 크레펠린은 현대의 조현병(Schizophrenia)을 화학적 부조화가 주요 원인이라고 하면서 조발성치매(Dementia Praecox)로 설명하였고, 블르러(Bleuler)는 조발성 치매를 현재의 조현병(Schizophrenia)으로 명명하면서 조현병의 특징들을 서술하였다. 이러한 증상 설명은 후에 진단 기준의 모태가 되었으며 의학모형시대의 서막을 열었다.

오스트리아 출신 정신과 의사인 프로이트는 정신질환을 사람의 정신이나 심리적 문제라고 주장하였으며, 무의식의 작용을 강조하였다. 프로이트의 정신분석 이론은 20세기 초반에 주류를 형성하였으며, 인간의 무의식 발견과 심리성적 발달 단계와 성격의 구조 등을 설명하였다. 따라서 정신질환을 치료하기 위해서는 최면요법, 자유연상, 꿈의 해석 같은 무의식의 이해를 중요시하였다. 프로이트의 정신분석 이론은 이후 새로운 해석과 접근으로 변화와 수정이 지속되고 있지만, 약 120년이 지난 현재까지 정신질환 이해에 핵심 이론 중 하나로 자리 잡고 있다.

4) 정신과 약물 발견과 정신질환 치료

미국정신의학회에서 공인한 『정신장애의 진단 및 통계 편람』(Diagnostic Classification Manual of Mental Disorder: DSM)은 전통적으로 의학적인 모델을 따르는 진단 방식으로, 외현적으로 드러나

거나 환자가 호소하는 증상 중심으로 진단하고 분류하는 방식이다. DSM은 미국과 우리나라 그리고 그 이외 많은 나라에서 정신질환을 분류하고 치료하는데 사용하는 진단체계이다. DSM-1이 1952년부터 발간되었으며 지속적으로 수정 보완 과정을 통하여 2013년에는 DSM-5가 발간된 상태이다. 특히 1982년 DSM-3부터는 과학과 의학의 발전으로 정신의학 또는 생물학적 의학적 모형이 나타났으며, 약물치료에 대한 반응성을 토대로 표적 증상군을 탐지하고 각 증상에 대한 조작적 정의를 기술하였다. 이러한 정신과적 약물은 조현병이나 양극성 장애와 같은 중증정신질환자의 지역사회로의 탈원화에 중요한 역할을 수행하였다. 물론 정신과 약물의 부작용이나 약물 작용의 불명료한 기전 등 문제가 남아 있지만, 앞으로의 발전 가능성도 배제할 수 없다. 특히 인간게놈 연구와 뇌 인지과학은 정신질환에 대한 이해의 폭을 넓혀주고 있으며, 정신질환을 정복할 수 있을지 모른다는 희망을 제공하고 있다.

7. 국내에서의 정신질환에 대한 이해의 시대적 변화

1) 일제강점기에서 1980년대까지

1912년 제정된 「경찰범처벌규칙」 제1조 55호에 의하면 '위험의 우려가 있는 정신병자의 감호에 소홀하여 옥외에서 배회하는 자를 구류 또는 과료에 처한다'는 내용이 있다. 이러한 내용을 고려할 때 일제강점기에는 위험성이 있는 환자를 가정 내 또는 시설 내에서 수용하여 관리하도록 국가가 그 보호자들을 강제한 것으로 여겨진다. 일제강점기에는 독립된 정신병원이 설립되지 않았으나, 해방 이후 보사부 산하 노량진구호병원을 인수해 1961년 국립정신병원을 처음으로 개원하였다. 이때는 보호자에 의한 강제 입원이 가능하였고, 이러한 강제 입원 방식은 정신보건법이 제정될 때까지 50년 동안 국공립 민간의료기관을 가리지 않고 보편적으로 실행되었다. 따라서 정신질환 환자들의 인권과 권리는 잔혹하게 억압되었다. 강제입원이 가능한 사회에서는 몇몇 사람이 공모해서 일반인을 정신병원에 30-40년 동안 가두는 것은 불가능한 사건들이 아니며, 실제로 언론에 등장하는 실제 뉴스들이다.

2) 1995년 정신보건법 제정과 2016년 정신건강복지법 개정

1991년 여의도광장질주사건과 대구 거성관나이트방화사건에 대한 대응책으로 위험한 정신질환자의 범죄를 예방한다는 명목하에 1995년「정신보건법」을 제정하였다. 이를 계기로 정신장애는 질병이며 정신장애자는 치료 대상자라고 대중에게 인식되었고, 환자의 입·퇴원의 결정은 정신의료기관 장이나 정신과 전문의에게 이임되었다. 이후 당사자와 가족들의 다양한 문제제기가 반복되면서「정신보건법」은 지속적으로 변화하였다. 그럼에도 불구하고 상속 분쟁이나 재산 분쟁에서 유리한 위치를 차지하기 위해 다른 가족을 강제입원시킨 사례가 뉴스화 되면서 개정의 요구가 더욱 높아졌다. 그 결과 2016년「정신건강복지법」으로 개정되었는데, 의료전문가와 함께 정신장애 당사자 단체, 변호사 대표, 장애인 인권단체가 공동논의 과정을 거쳐 개정하였다. 당사자 단체가 법 개정에 참여하였다는 점에서 당사자의 인권에 대한 고려를 반영하였을 것으로 보이지만, 대부분 그렇듯이 완벽한 법 개정은 현실적으로 불가능한 것으로 보이기에, 추후 지속적인 평가와 수정에 귀추가 주목되고 있다.

8. 국내 보훈대상자의 정신건강 현황 및 기반시설

1) 시설 개요

우리나라는 한국전쟁과 베트남전쟁 참전이라는 전쟁 경험을 비롯하여 광주민주화운동, 연평도 서해교전, 세월호 사건 등 전쟁과 사회변동 및 많은 재난에 지속적으로 노출되고 있다. 또한 세계 역사에서 찾아볼 수 없을 급격한 산업화와 경제성장을 성공적으로 만들어 가고 있는데, 그 과정에서 예기치 못한 재난이나 사건 사고가 적지 않게 발생하였으며, 이에 대응하기 위한 사회적 인프라는 미흡한 상황이다. 따라서 재난으로 인한 외상은 지속되고 있으나, 외상후스트레스 장애와 같은 정신질환을 치료할 수 있는 사회적 인프라는 충분하게 구축되지 못한 실정이다.

국내 보훈병원은 1962년 원호병원이 출범하면서 개편되어, 보훈대상자를 전문으로 치료하는 병원이 등장한 이후에 점차 각 주요 도시에 설립되었다. 2020년 현재 보훈병원은 6개로 서울, 부산, 광주, 대구, 대전, 인천 지역에 설립되었다. 이들 병원들은 종합병원의 형태로 20여과 이상을 진료하고 있다. 전체적인 의료서비스 이용률을 질병별로 살펴보면 가장 빈도가 높은 것은 순환기 계통 질환으로 34%로 1위이다. 정신 및 행동장애는 7.25%로 매우 낮은 위치에 있다. 정신 관련 질환 이용률이 낮다는 것은 해당 질환의 발생 빈도가 낮기 때문이라고 생각할 수도 있다. 하지만 2018년 보훈대상자의 생활실태조사에 따르면 전체 응답자의 82.3% 일상생활에서 스트레스를 호소하고 있어, 일반인에 거의 두 배 수준으로 심각했다. 그리고 우울증상을 분석한 결과 국가보훈대상자의 51.6%가 우울증상을 호소하고 있어 매우 위중한 상태라고 분석된다. 따라서 보훈대상자들의 정신건강은 매우 취약하지만 사회적 편견, 잘못된 정신건강 정보, 의료접근성 등의 다양한 이유로 정신과 진료를 회피하거나 거기에 접근하지 못하고 있을 가능성이 현저하게 높다.

2) 국가보훈대상자의 정신건강 현황

최근 5년간 보훈병원 정신건강의학과 다빈도 질환 통계자료를 보면 입원환자의 연인원 및 실인원 통계수치에서 조현병이 50%로 가장 큰 비율을 차지하고, 알코올에 의한 정신 및 행동장애와 양극성 정동장애가 그다음 순서였다. 외래 환자의 경우 우울 에피소드, 불안장애, 비기질성 수면장애가 순차적으로 높은 비율을 차지했으며, 세 질환이 전체 정신질환의 약 50%를 차지하고 있다.

3) 병원을 이용하지 않은 보훈대상자와 유가족 추계

국가보훈처 과제인 전몰, 순직 유가족 등 심리치료 지원방안 연구*에 따르면 국가유공자와 유가족으로 현재까지 정신건강의학과를 이용하지 않으나 심리재활 서비스를 필요로 하는 대상에 대한 전수조사는 이루어지지 않았다. 따라서 정확한 대상자 수를 추정할 수는 없다. 그럼에도 불구하고 2017년 기준 전체 보훈대상자와 유가족은 85만 명이었으며, 그중 보훈병원 정신건강의학과 이용자는 약 11만 명이었다. 전체 보훈대상자 중 보훈병원의 정신건강의학과 이용자는 13% 정도이지만, 이들 중 상당수가 심리적인 문제를 인지하고 치료를 받았다기보다, 병원의 각 과에서 불면증과 같은 문제를 호소하여 진료 의뢰된 경우가 많았다. 따라서 실제로는 훨씬 더 많은 국가유공자와 유가족들이 심

* 한국심리학회, 「전몰 · 순직 유가족 등 심리치료 지원방안」, 2018.

리적 서비스를 필요하나, 자신의 심리적 문제를 인지하지 못하거나 방법을 몰라서 서비스를 제대로 받지 못하는 것으로 생각된다. 이는 실제 연구에서도 확인되고 있다.* 참전유공자에게 스트레스 및 심리적 고통 해소 방법에 대해 질문한 결과 '표현하지 않음' '해소 방법 없음' 비율이 경찰관이나 소방관보다 높아서, 스트레스를 억압하거나 부인하고 무력감을 느끼고 있음을 확인할 수 있다. 이러한 연구 결과를 고려할 때 국가유공자들은 심리적 어려움은 매우 높지만, 병원을 이용하지 않는 경우가 많은 것으로 추정된다.

9. 해외 보훈대상자 정신건강 서비스 수준

서구의 국방 선진국은 예전부터 전역한 재향 군인의 외상후스트레스 장애(Posttraumatic Stress Disorder: PTSD)의 심각성을 인식하고 적절한 대응 체계를 수립했다고 평가된다. 전쟁 관련 PTSD

* 김은진, 주희주, 이상훈(2015). 참전유공자, 경찰관, 소방관의 외상 후 스트레스 장애 정도와 상담요청 장애요인. 국가위기관리학회보, 7(1), 45-68쪽.

는 19세기 중반 미국 남북전쟁 때부터 다코스타증후군(Da Costa Syndrome)이라는 질환 명칭을 시작으로 전쟁신경증, 탄환공포등의 이름으로 인식되어 오랜 기간 지속적으로 연구되어 왔다. 특히 2차 세계 대전 이후 참전 군인들의 PTSD가 심각한 사회문제로 대두되어 체계적인 치료 및 사후 관리 대응 체계를 수립하여 현재까지 지속하고 있다. 그중 미국과 호주의 대응 방법을 살펴보면 다음과 같다.

1) 미국

(1) 국립 PTSD 센터 (National Center for PTSD, NCPTSD) : 미국은 사전예방, 현장관리, 전문치료, 사후관리를 거쳐 다시 사전관리로 환류하는 PTSD 체계를 가지고 있다. 이를 위해 1989년 미국 보훈처(Department of Veterant Affairs)는 직속으로 국립 PTSD 센터(National Center for PTSD, NCPTSD)를 설립하여 운영하고 있다. NCPTSD는 이라크에 파병되었던 자국 군인을 위하여 PTSD의 단계에 따른 진료지침과 사후관리 체계를 수립하여 시행하고 있다. 또한 1차, 2차 세계대전, 한국전쟁, 베트남 전쟁을 겪으면서 이에 참전한 생존 군인 및 그의 가족의 PTSD 치료 및 대응 체계

구축, PTSD에 대한 교육 및 임상 연구를 지속적으로 시행하고 있다.

(2) 보훈 대상자를 위한 상담 프로그램 : 워싱턴 주립 PTSD 상담 프로그램(WDVA Counseling Program)에서는 재적응 치료와 PTSD 치료가 필요한 제대 군인을 대상으로 하여 외래 상담 프로그램 및 미공개 상담 서비스를 제공하고 있다. 전문적인 치료 서비스를 제공하는 사람은 정신건강 전문가인 동시에 제대군인이거나 군대와 제대군인의 특성에 대해 훈련을 받은 사람들로 이루어진다. 제대군인부 정신건강 관련 상담 프로그램에는 재적응 상담, 군대 성 관련 외상 상담, 우울증 상담, 제대군인 가족을 위한 상담 프로그램, 제대군인 노숙자에 대한 지원, 정신건강 복구 서비스, PTSD, 약물사용 문제에 대한 치료 프로그램들이 있다.

(3) 보훈처의 정신건강 의료인을 위한 교육 프로그램 : 정신건강 사무국의 주도 하에 치료진을 대상으로 실시하는 교육 프로그램이다. 치료진의 올바른 정신건강 교육과 치료적 개입에 대한 교육은 보훈대상자의 서비스 질 향상에 매우 중요한 부분이다. 프로그램에서는 주로 PTSD의 근거중심치료인 인지처리치료(Cognitive Processing Therapy, CPT)와 장기노출요법(Prolonged Expusure, PE)의 심화교육을 실시하고 있다. 아울러 임상훈련 프로

그램(Clinical Training Program)이 캘리포니아의 Menlo Pa 가에 있는 국립 PTSD 센터의 교육보급부서에서 시행되고 있다. 폭넓은 교육 활동을 제공하고 있는데 강의와 세미나, 임상 관찰, 멀티미디어 자료의 사용, 치료진이 포함된 집단 토론 등이 구성되어 있다. 그리고 보훈처 내에서는 온라인으로 PTSD 101 Course을 통하여 치료에 관련된 의사, 심리치료사, 간호사 등을 대상으로 한 공통 온라인 교육 과정인 PTSD 101 Course를 운영하고 있다.

이렇듯 미국에서는 1989년 이후 보건처 소속 PTSD 센터를 운영하고 있어 환자들의 사전관리 및 사후관리 그리고 지속적인 연구와 실행을 통하여 보훈대상자의 치료와 상담뿐 아니라, 보훈대상자에게 치료를 제공하는 의료진에 대한 지속적이고 체계적으로 다양한 교육 시스템을 제공하고 있다. 이는 의료진이 보훈대상자라는 특수성을 이해할 수 있고, 보훈대상자 특성에 맞는 서비스 교육을 제공할 수 있어 결과적으로 효과적인 서비스 개입이 가능할 것으로 평가된다.

2) 호주

(1) 호주 외상후정신건강 센터 (Australian Center for Posttraumatic

Mental Health: ACPMH) : 호주는 1995년에 보훈처와 멜버른 대학이 연합하여 호주 외상후정신건강 센터를 설립하였다. 이 센터는 외상후 정신장애를 중심으로 재향 군인에게 영향을 미치는 넓은 영역의 정신건강 상태에 대한 관리의 중심적인 역할을 맡고 있다.

(2) 보훈 대상자를 위한 상담 프로그램 : 재향군인 및 가족을 위한 상담 서비스 사업을 통해 제대군인과 그 가족에 대한 지역 기반의 정신건강 및 그룹 상담 프로그램을 제공하고 있다. 초기 베트남 참전용사와 그 유가족을 지원하는 그룹 상담 프로그램으로 시작해서 현재는 모든 분쟁을 해결하기 위한 활동과 평화유지 활동에 참여한 군인 및 참전군인 서비스를 받고 있는 가족에까지 확대하고 있다. 재향군인 및 가족을 위한 상담 서비스에서는 PTSD뿐 아니라 다양한 정신건강 관련 치료 및 프로그램을 제공하고 있다. 개인, 부부, 가족 상담은 물론 자살 방지 워크숍, 집단 프로그램, 제대군인 전용 전화상담 서비스, 원격화상 상담 서비스, 아웃리치 프로그램, 마음건강 프로그램, 사회적응 프로그램, 사례 관리 서비스가 있다.

(3) 의료인을 위한 매뉴얼 : 보훈 관련 치료진을 위해 호주 외상후정신건강 센터(ACPMH)에서 제작한 매뉴얼로, 임상 현장에

서 임상가가 보훈대상자에게 흔한 정신건강의 문제를 인식하고 평가하며 치료하는 데 필요한 정보와 조언을 제공하기 위한 것이다. 이는 PTSD뿐만 아니라 분노관리, 공황장애와 같은 다양한 불안장애, 알코올 문제 등 재향 군인에게서 자주 나타나는 정신건강 상의 주제에 대해 진단 및 치료까지 다룬다. 그리고 외상후 스트레스 장애에 특화된 가이드라인으로, 보훈대상자 이외에도 군인, 일반인 등 다양한 임상군의 급성 스트레스 장애와 외상후 스트레스 장애에 대한 표준적인 평가, 선별검사 및 치료를 위한 지침을 제공하고 있다.

호주도 전문 PTSD 센터 운영, 상담 및 치료 서비스, 그리고 의료진을 위한 지속적인 교육 시스템을 유지하고 있다는 점에서 미국과 유사한 인프라를 가지고 있다. 보훈처와 멜버른 대학이 함께 PTSD 전문 센터를 운영하고 있다. PTSD 장애를 중심으로 다양한 정신과적 질환에 대한 서비스를 제공하고 있으며, 지속적인 연구와 서비스 개선에 집중하는 것으로 보인다. 아울러 보훈대상자를 진료하는 치료진을 대상으로 하는 교육 프로그램이 운용되고 있다. 특히 상담 프로그램에서 개인, 부부, 가족상담, 자살방지 워크숍, 집단 프로그램, 제대군인 전용 전화상담 서비스, 원격 화상상담 서비스, 아웃리치프로그램, 마음건강 프로그램, 사회적응 프로그램, 사례관리 서비스 등의 다양하고 세분화된 프로그램 운영이 매우 긍정적이다.

10. 보훈대상자의 정신건강 증진을 위한 준비

우리나라의 정신건강에 대한 사회적 관심이 공론화된 것은 그렇게 오래되지 않는다. 1995년 정신보건법 개정 이후 현재까지 지속적인 수정을 경험하고 있고, 국민들이 인식하는 정신건강은 매우 취약한 수준이며, 자살률은 OECD 국가 중에서 가장 높은 수준이다. 더욱이 놀라운 것은 보훈대상자의 정신건강 수준은 일반인보다 더욱 심각한 상황이라는 점이다. 보훈대상자의 82.3%가 스트레스를 호소하고 있고, 51.6%가 우울 위험군일 정도로 심각한 수준이다. 통계청에 따르면 2017년 65세 이상 우울증을 호소하는 일반인이 21%인 점을 고려할 때 보훈대상자의 우울감은 일반인보다 2배 이상으로 높은 수준이다. 이제 더 이상 보훈대상자의 정신건강 문제를 간과할 수 없는 시점이라고 생각한다. 하지만 지금까지 보훈대상자의 정신건강 문제는 충분히 준비되지 않은 것으로 여겨지는데, 2018년부터 보훈병원에서 심리상담 지원이 실시되었듯이 보훈대상자에 대한 포괄적인 정신건강 서비스는 오래되지 않았다.

보훈대상자의 정신건강 증진을 위해서는 체계적이고 장기적인 연구를 통하여 보훈대상자의 정신건강 욕구를 파악하는 것이 필요하다. 그다음, 그 결과를 기반으로 하여 실질적인 정신건강 서비스를 제공하는 것이 요구된다. 전쟁 참가자 연구에 의하면 36년이 지난 시점에도 50%가 PTSD 증상을 겪는 것으로 나타나고 있다. 따라서 횡난 연구가 아닌, 오랜 세월의 변화를 관찰할 수 있는 종단 연구를 통하여 특정 치료에 따른 보훈대상자의 정신건강 수준의 변화를 면밀히 탐색하여야 하며, 다양한 치료적 개입에 따른 변화 궤도를 누적적으로 분석해야 한다. 아울러 질적 연구를 통하여 실질적으로 보훈대상자가 경험하는 정신건강 서비스 욕구를 파악하고 개입된 서비스에 대한 주관적 만족감도 면밀히 살펴야 가치 있는 정신건강 정보를 확인할 수 있다.

보훈대상자의 정신건강 심리적 지원을 위해서 다양한 프로그램 개발과 대상자 참여를 촉구하는 홍보가 필요하다. 정신건강 심리지원 프로그램은 다양한데, 예를 들어 생물학적 약물치료뿐 아니라 심리적 개입법인 인지행동치료, 가족치료, 정신분석 치료, 현실치료, 대인관계치료, 집단치료 등 개입법에서 초점을 두는 방식에 따라서 치료 접근 방법이 다양하다. 현재로서는 이러한 다양한 치료를 종합적으로 실시하는 시설을 새롭게 구조하여 제공하는 것은 쉽지 않을 수 있다. 하지만 국내에 지역사회 정신건강센터 혹은 사회복지시설 그리고 일반 정신과의원은 광범위하게 산재하고 있기에, 지역사회 자원을 발굴하고 연대함으로써 국가유공자의 정신건강 서비스 확장을 고려할 수 있을 것이다. 서비스 연계와 함께 고려해야 할 것은 정신질환 서비스에 대한 보훈대상자들의 부정적 편견이다. 보훈대상자의 심리상담 지원 서비스 이용 의향을 묻는 질문에서 조사 대상자 중 22%만이 이용 의향을 말했다. 이러한 낮은 이용 가능성은 정신질환 관련 서비스에 대한 부정적 편견이 많다는 점을 말해 준다. 따라서 보훈대상자와 일반 대중에 대한 정신건강 교육을 통하여 정신건강 서비스에 대한 부정적 편견과 선입견을 완화하는 접근이 병행되어야 한다.

보훈대상자의 정신건강 증진을 위해서는 경제 수준, 주거 상태, 신체건강, 근로 상태 등의 포괄적 개입이 필요하다. 예를 들어 소득불평등이 증가하면 그로 인한 좌절감을 느끼게 되고, 자연스럽게 불건강과 우울감으로 이어진다. 다양한 분석에서 나타나듯이 사회적 자본이 낮은 지역은 인적 자본에 대한 투자 부족으로 인해 정신건강이 악화가 촉진되거나 지속될 수 있다고 발표하고 있다. 정신건강은 경제적 상태, 주거 상태, 근로 여부, 학력 등 개인과 사회 그리고 환경적 요인이 상호작용하기에, 의료진의 노력만으로 해결할 수 없는 복잡한 질환이다. 따라서 정신건강의 증진을 위해서는 다양한 사회 분야와의 유기적인 연계가 요구되며, 미시적 관점에서의 의료와 심리적 요인을 파악하는 동시에 주거, 근로, 환경, 정책 변화와 같은 거시적 관점을 복합적으로 접근해야 효율적으로 개선할 수 있을 것이다.

보훈대상자의 장애 개념과 장애인 복지정책 과제

전 지 혜_ 인천대학교 사회복지학과 교수

1. 여는 글

어느 여름날, 나와 똑같은 장애인을 만난 적이 있었다. 왼팔에 실리콘 의수를 하고 다니던 한 50대 남성분이었다. 회의 차 만났던 것으로 기억하는데, KTX 역에서 표를 사는 나를 의아하게 여기며 질문을 건네왔다. "교수님은 나랑 똑같이 왼팔이 없는데, 왜 기차표를 사세요? 장애인은 기차표가 무료 아닌가요?" 처음 듣는 이야기였다. 내가 알기로는 중증장애인의 경우 50% 할인이 되고, 동반 1인까지 할인을 받을 수 있는 것으로만 알고 있었는데 말이다. "난 보훈 대상자라 100% 할인인가 봐요"라는 이야기를 들으면서, 똑같은 손상에 대해서도 복지혜택은 다를 수 있음을 알게 되었다. 한국 역사 속에 소중한 역할을 하신 보훈대상자들은 일반 장애인 복지법상의 장애인보다 좀 더 나은 복지혜택을 받는다고 생각하기도 했다. 더 많은 복지지원을 받아 마땅한, 사회적·역사적 헌신을 하신 분들에게 더 많은 복지지원이 제공되는 것이 당연하게 여겨지는 한편, 장애인복지법상의 장애인과 복지지원에 얼마나 차이가 있는지 궁금해졌다. 과연 보훈대상자는 장애인복지법상의 장애인으로 인정이 되는지도 알고 싶었다. 이 지면을 통해서, (장애가 있는) 보훈대상자와 장애인복지법상의 장애인이 어떻게 다르고, 복지혜택의 차이는 어떠한지, 향후 어떤 정책적 과제를 안고 있는지 살펴보고자 한다.

2. 보훈대상자와 장애인의 개념과 범주, 그리고 이슈

1) 보훈대상자의 정의

보훈대상자는 보훈법률 적용대상자에 따라 달라진다. 관련 법령에 따라 크게 독립유공자, 국가유공자, 지원대상자, 보훈보상대상자, 참전유공자, 5.18민주유공자, 고엽제후유(의)증, 특수임무유공자, 제대군인 등 총 9개의 범주로 나누어진다. 각 범주를 구체적으로 살펴보면 독립유공자는 독립운동을 하다가 순국한 자로 건국훈장이나 건국포장 또는 대통령표창을 받은 순국선열과 독립운동을 위하여 항거한 사실이 있는 자로 건국훈장이나 건국포장 또는 대통령표창을 받은 애국지사로 나누어진다. 2019년 말 기준 독립유공자 대상자는 8,036명이다.*

국가유공자는 대상에 따라 전몰·전상·순직·공상군경, 무공·보국수훈자, 재일학도의용군인, 4.19민주유공자, 순직·공상공무원, 특별공로순직자, 6.18자유상이자로 나누어진다. 전몰·전상·순직·공상군경은 군인이나 경찰·소방공무원이 대상이다. 전투나 이에 준하는 직수무행 중 사망한 사람은 전몰군경, 전투나 이에 준하는 직무수행 중 상이를 입고 전역이나 퇴직한 사람을 전상군경, 직무수행이나 교육훈련 중 사망한 사람을 순직군경, 직무수행이나 교육훈련 중 상이를 입고 전역이나 퇴직한 사람 중 상이등급으로 판정된 사람은 공상군경 대상이 된다. 2019년 말 기준 전몰·전상·순직·공상군경 대상자는 258,933명이다.

무공·보국수훈자는 각각 무공훈장과 보국훈장을 받은 사람이다. 2019년 기준 무공·보국수훈 대상자는 118,231명이다. 6.25참전재일학도의용군인은 국군이나 유엔군에 지원 입대하여 6.25

---

* 국가보훈처, 2020. 이하 각 부문별 통계 자료는 같은 자료를 참조함.

전쟁에 참전하고 제대한 사람으로, 293명의 대상자가 있다. 4.19혁명에 참여했던 사람도 국가유공자에 해당하는데, 혁명에 참가하여 사망한 사람과 혁명에 참여하여 입은 상이가 상이등급으로 판정된 사람, 그 외에 4.19혁명과 관련하여 건국포장을 받은 사람이다. 2019년 기준 4.19민주유공자로 등록된 사람은 855명이다.순직·공상공무원은 군인이나 경찰공무원을 제외한 공무원이 대상이다. 직무수행이나 교육훈련 중 사망한 공무원은 순직공무원, 직무 수행이나 교육훈련 중 상이를 입고 퇴직한 사람 중 상이등급으로 판정된 공무원은 공상공무원 대상이다. 2019년 기준 순직·공상공무원은 14,686명이다. 다음으로 특별공로순직자는 국가사회 발전에 공이 있는 사람 중 그 공로와 관련되어 순직한 사람, 상이를 입고 상이등급으로 판정을 받은 사람, 그 외에 국무회의에서 이 법의 적용대상자로 인정된 사람이 해당한다. 현재 특별공로순직자로 등록된 대상자는 16명이다. 마지막 국가유공자 대상인 6.18자유상이자는 북한의 군인, 군무원으로 포로가 된 사람 중 포로수용소에서 대한민국을 지지하다가 입은 상이가 상이등급으로 판정된 사람, 대한민국에 귀순할 목적으로 포로수용소를 탈출하려다 입은 상이가 상이등급으로 판정된 사람이다. 이들에게는 공상군경에 준하여 지원을 하고 있으며, 2019년 말을 기준으로 367명이 있다.

다음으로 군인, 경찰·소방공무원 등을 대상으로 하는 지원대상자는 앞서 살펴본 국가유공자 대상 중 하나였던 전몰·전상·순직·공상군경 중 불가피한 사유 없이 본인의 과실이 경합된 이유로 사망 또는 상이를 입어 지원대상자로 결정된 사람에 해당한다. 현재 2,848명의 지원대상자가 있다. 다음으로 보훈보상대상자는 군인, 경찰·소방공무원과 그 외 공무원을 대상으로 한다. 국민의 생명이나 재산 보호 등과 직접적인 관련이 없는 직무수행이나 교육훈련 중 사망한 군인과 경찰·소방공무원은 재해사망군경, 상이를 입고 전역이나 퇴직한 사람은 재해부상군경에 해당하고, 공무원 중 국민의 생명이나 재산 보호등과 직접적인 관련이 없는 직무수행이나 교육훈련 중 사망한 공무원은 재해사망공무원, 상이를 입고 퇴직한 사람은 재해부상공무원에 해당한다. 2019년 기준 보훈보상대상자는 5,252명이다.

다음으로 전쟁과 관련된 보훈대상자를 살펴보면, 참전유공자와 고엽제후유(의)증 환자가 있다. 참전유공자의 경우 6.25전쟁과 베트남전쟁에 참여했던 군인이나 공무원이 해당한다. 육군, 해군, 공군, 해병대, 경찰별로 인정되는 전투가 있고, 해당 전투에 참여했던 사람들이 보훈대상자가 된다. 2019년을 기준으로 참전유공자는 284,631명으로 보훈대상자 중 가장 큰 비율을 차지하고 있다. 고엽제후유(의)증 환자의 경우 베트남전에 참전하여 고엽제 살포 지역에서 근무한 군인이나 종군한 기자, 국내 전방복무한 사람 중 고엽제 살포 업무에 참가했던 사람 중 해당 질병이 있는 사람이다. 현장에 참여하여 질병을 얻은 당사자(본인)뿐 아니라 고엽제 살포 업무 이후에 임신되어 출생한 자녀 중 해당 질병을 가지고 있는 사람까지 보훈대상자에 포함된다. 현재 고엽제후유의증 대상자는 51,665명이고, 2세 환자는 128명으로 총 51,793명이 고엽제후유(의)증으로 인한 보훈대상자이다.

5.18민주유공자는 5.18민주화운동과 관련하여 사망하거나 행방불명된 사람, 상이를 입었거나 질병을 앓고 있는 자 중 장해등급 판정을 받은 사람, 그 외에 관련 지원을 받은 희생자들이 해당한다. 현재 4,410명이 5.18민주화 운동과 관련하여 보훈대상자로 인정받았다. 특수임무유공자는 특수임무 수행이나 관련된 교육훈련으로 인하여 사명하거나 행방불명 혹은 체포된 사람과 상이를 입은 자 중 상이등급 판정을 받은 사람 혹은 특수임무를 수행했거나 관련 교육훈련을 받은 사람이 이에 해당한다. 현재 3,768명의 특수임무유공자가 있다. 마지막으로 중·장기복무제대군인이 있다. 5년 이상 10년 미만으로 현역으로 복무하

고 장교, 준사관, 부사관으로 전역한 사람은 중기복무제대군인, 10년 이상 현역으로 복무하고 장교, 준사관, 하사관으로 전역한 사람은 장기복무제대군인에 해당한다. 중기복무제대군인에 대한 보훈대상자 인정은 2006년 5월 1일부터 적용되었으며, 현재 89,633명의 중·장기복무제대군인이 보훈대상자로 인정받았다.

위와 같이 보훈대상자는 그 대상과 범위가 세분화되어 있고, 참전유공자와 고엽제후유(의)증, 제대군인을 제외한 보훈대상자의 경우 배우자, 자녀, 부모, 성년인 직계비속이 없는 조부모 등 그 가족까지 보훈대상으로 여겨진다는 점에서 보훈대상자와 보훈 정책의 규모가 크다는 것을 알 수 있다. 또한 문재인 정부에 들어서면서 정부는 적극적인 보훈정책을 펼치고 있으며, 2018년 최초로 보훈예산이 5조원 이상으로 편성되며 전체 정부예산의 1.3%에 달하는 수준에 이르렀다.* 정부의 적극적인 보훈정책은 예산의 증가와 더불어 보훈대상자의 확대와 지원 범위 확대로 이어지고 있다. 특히 보훈대상자들의 평균연령이 높아지면서 보훈 정책 역시 요양, 양로, 의료, 주거 등으로 다양화되고 있으며,

---

* 박상우 외, 2018.

고령의 보훈대상자 본인이 사망하는 경우가 많아지면서 유족과 제대군인을 중심으로 정책 재편의 필요성이 증가하고 있다.

〈표 1〉 보훈대상자 유형별 현황과 평균 연령

보훈대상		현황		평균연령	
		본인	유족	본인	유족
독립유공자	순국선열	-	878	-	77
	애국지사	36	7,158	96	77
국가유공자	전몰군경	-	35,860	-	74
	전상군경	59,586	81,303	76	71
	순직군경	-	16,328	-	72
	공상군경	51,112	14,744	56	69
	무공수훈자	19,534	58,014	82	73
	보국수훈자	36,256	4,427	66	71
	재일학도의용군인	11	282	92	73
	4.19혁명사망자	-	32	-	78
	4.19혁명상이자	183	167	78	70
	4.19혁명공로자	312	161	80	73
	순직공무원	-	8,696	-	67
	공상공무원	3,701	2,289	66	70
	특별공로순직자	-	16	-	72
	6.18자유상이자	50	317	88	72
지원대상자	지원순직군경	-	186	-	65
	지원공상군경	1,780	79	44	63
	지원순직공무원	-	219	-	59
	지원공상공무원	529	55	61	65

보훈보상 대상자	재해사망군경	-	787	-	62
	재해부상군경	3,911	268	44	67
	재해사망공무원	-	158	-	51
	재해부상공무원	123	5	62	67
참전유공자	6.25참전유공자	87,494	-	88	-
	월남참전유공자	195,031	-	73	-
	6.25 및 월남참전유공자	2,106	-	87	-
5.18 민주유공자	5.18사망행불자	-	176	-	72
	5.18부상자	2,263	502	63	61
	5.18기타희생자	1,316	153	62	59
고엽제 후유(의)증	고엽제후유의증	51,665	-	74	-
	고엽제후유증 2세 환자	128	-	43	-
특수임무 유공자	특수임무사망자·행방불명자	-	16	-	69
	특수임무부상자	1,147	100	62	64
	특수임무공로자	1,803	720	57	67
제대군인	중·장기복무제대군인	89,633	-	55	-

2) 장애인복지법상의 장애 개념과 범주

한국의 법령 중 장애인의 정의를 명시하고 있는 대표적인 법령은 「장애인복지법」이다. 「장애인복지법」 제1장 제2조2항에서는 장애인을 "신체적·정신적 장애로 오랫동안 일상생활이나 사회생활에서 상당한 제약을 받는 자"라고 정의한다. 해당 정의에서는 신체적·정신적 손상을 강조하고 있으며, 손상의 항구성 또는 지속성을 강조한다. 이러한 포괄적인 개념 규정으로만 본다면, 대부분의 보훈대상자가 장애인복지법상의 장애인 범주에 해당될 것이다. 그러나 「장애인복지법」의 시행령과 시행규칙에서는 총 15 개의 장애 유형만을 장애로 인정하고 있다. 지체장애, 뇌병변장애, 시각장애, 청각장애, 언어장애, 지적장애, 자폐성장애, 정신장애, 신장장애, 심장장애, 호흡기장애, 간장애, 안면장애, 장루·요루장애, 뇌전증 등이 그것이다.

또한 해당 법률은 장애인의 손상의 정도까지 포함하여 중증장애인과 경증장애인으로 구분하고 있다. 즉 의료적 기준에서 얼마나 '손상'되었는지에 관심을 두고, 이를 기준으로 장애 유형과 정도를 나누는 것이다. 예를 들어, 두 팔의 기능에 상당한 장애가 있으면 중증(장애의 정도가 심한 장애인), 일부 손가락의 기능에 상당한 장애가 있는 사람은 경증(장애의 정도가 심하지 않은 장애인)으로 나누는 식이다. 이러한 분류와 관점은 의료적 기준에 근거하고 있고, 신체적·정신적 정상성에 얼마나 손상을 입었는가를 판단하여 장애 등급을 판정하기에, 장애에 대한 의료적 모델이라고 평가받는다.

문제는 이 15개의 공식적 장애 범주가 단순히 한국사회에서 '누가 장애인인가' 하는 담론적 차원의 정의로서만 통용되지 않는다는 점이다. '장애인복지 서비스를 받을 자격이 있는 대상자가 누구인가'를 의미하는 일종의 자격 기준으로 작용하고 있다는 것이 중요하다. 즉, 「장애인복지법」 상 인정되는 15 개의 장애유형 이외의 다양한 신체적·정신적 손상은 '손상' 혹은 '질병'으로만 인정될 뿐 법적 '장애'로 인정되지 않음을 의미한다. 때문에 보훈대상자 전원이 장애인복지법상 인정되는 장애인의 범주에 포함되지 못하며, 보훈대상자 복지지원과 장애인복지정책은 각각 다른 기준을 적용하여 지원하게 된다.

사실 우리나라는 이러한 좁은 장애 개념과 범주로 인하여 지난 2014년 유엔장애인권리협약위원회로부터 시정권고를 받은 바 있다. 2008년 국회는 유엔 장애인권리협약을 비준하였고, 장애인복지정책 및 권리보장 증진을 위한 큰 걸음을 떼었다. 그리고 유엔의 동 위원회로부터 4년마다 평가를 받고 있다. 2014년 유엔장애인권리협약위원회는 한국정부에 최종 견해를 보냈는데, 의료적 기준의 장애판정보다는 장애인의 개별적 욕구에 맞는 지원이 가능하도록 판정체계를 개편하라는 요구였다. 이에 정부는 2019년 장애인등급제도를 폐지하였고, 현재 장애인종합진단조사라는, 복지지원을 위한 새로운 판정 체계를 마련하고자, 시범사업 중에 있다.

그러나 변경된 장애판정안 역시 여선히 중증장애인과 경증장애인으로 장애인을 구분하고, 이에 따른 복지 혜택에도 일부 차이가 있다. 전기요금 할인이나 지하철 무임승차 및 기차요금 할인 등의 경제적 부조를 목적으로 하는 할인 정책을 장애 중·경증을 기준으로 적용하고 있다. 이러한 복지 제공 방식에 문제가 있다는 비판은 여전하다. 동시에 장애 범주에 대한 비판도 계속되고 있다. 15개 장애유형 이외의 다양한 질환과 손상이 있는 사람들이 장애인복지 서비스를 받을 수 있도록 하라는 의견이 다수이다. 그리고 복지부 또한 적극적으로 비판을 수용하고 대안을 모색하고 있다.

한 예로 2020년 6월 뚜렛증후군을 가진 개인이 장애인복지법상의 15개 유형에 포함되지 않기에 장애인 복지 서비스를 받을 수 없음을 지속적으로 문제제기하였고, 대법원의 행정심판까지 받은 결과, 장애인으로 예외적으로 등록할 수 있게 되었다. 이와 관련하여 복지부는 향후 장애의 범주 확대 또는 복지 서비스의 자격기준 완화 가능성이 있음을 보도자료를 통해 알리기도 했다(2020년 7월 복지부 장애인복지과 보도자료 참고). 즉 15개로 한정된 장애 범주의 틀이 바뀔 수도 있는 것이다. 그동안 장애인 당사자가 다수 포함되었을 것으로 생각되던 보훈대상자들도 필요한 장애인복지지원이 있다면 장애인정 범위 확대 시 목소리를 내야할 때라고 생각한다.

3) 보훈대상자와 장애 판정

앞서 「장애인복지법」 상 장애 유형과 보훈대상자를 각각 살펴보았는데, 관련 법률과 제도상 보훈대상자가 장애인으로 등록할 수 있을까? 현재 국내법상 보훈대상자와 장애인을 포괄적으로 다루는 법률이나 규정은 전무하다. 장애인과 보훈대상자는 서로 다른 정부 부처에서 관리되고 있으며, 보훈대상자가 자동으로 장애인으로 등록되거나, 반대로 장애인 등록이 된 사람 중 보훈대상자로 등록할 수 있는 사람이 자동으로 보훈대상자로 등록되지 않는다. 보훈대상자가 장애인 등록을 희망할 경우 개인적으로 보건복지부에 별도로 신청해야 하고, 「장애인복지법」 상의 범주 안에서 장애인 등록 및 심사 절차를 통해 인정된 사람만 장애인으로 등록할 수 있다. 이는 보훈대상자와 장애등록이 연동되지 않고, 개별적으로 관리·운영되기 때문에 발생하는 현상이다. 결국 장애인 등록을 할 수 있는 보훈대상자라고 할지라도 개인적으로 장애 등록을 할 수 있다는 사실을 모르고 있거나, 알아도 보건복지부에 신청을 하지 않으면 현재로서는 장애인에게 제공되는 복지 서비스를 받을 수 없는 구조이다.

또한 보훈대상자와 법률상 인정되는 장애 유형과 정도의 차이가 있어 모든 보훈대상자가 장애인으로 등록할 수 있는 것도 아니다. 앞서 살펴본 것처럼 우리나라의 장애 유형은 법률상 15종으로 정해져 있고, 이외에는 장애로 인정되지 않는다. 반면 보훈대상자의 경우 신체와 기능의 손상 여부도 중요하지만 국가와 사회를 위해 공헌하였고 그 과정에서 상이를 입었다는 것이 중요하기 때문에 「장애인복지법」 상 인정되는 15개의 장애 유형과는 다른 기준을 가지고 대상을 인정하고 있다. 보훈대상자의 상이등급 구분표를 살펴보면 상이로 인정되는 영역은 눈의 장애, 귀·코 및 입의 장애, 흉터의 장애, 정신장애 또는 신경계통의 기능장애, 흉복부장기 등의 장애, 체간의 장애, 팔 및 손가락의 장애, 다리 및 발가락의 장애로 총 8개 영역이다.

이처럼 장애유형과 보훈대상자 상이등급 인정 영역의 차이가 존재하는데, 이 차이가 극명하게 드러나는 것이 피부질환이다. 보훈대상자 중 고엽제후유(의)증으로 인한 상이를 결정하는 '장애인장애구분표'에 의하면 고엽제후유(의)증의 하나로 '난치 또는 불치의 피부질환이 있는 자'는 장애로 구분된다. 반면 「장애인복지법」 상 인정되는 15개의 장애 유형 중 피부질환과 관련된 장애는 없기 때문에 이들을 장애인으로 인정·등록할 수 없게 된다. 고엽제후유(의)증으로 인한 피부질환뿐만 아니라 흉터 역시 이와 유사하다. 보훈대상자 상이등급은 흉터의 장애를 독립된 영역으로 인정하여 경도의 흉터로도 상이등급을 받을 수 있지만, 법률 상 장애 유형으로 바라보면 장애로 인정받기 어렵다.

보훈대상자와 장애는 관련 법률이나 규정도 다르고, 만들어진 배경도 다르기 때문에 그 기준과 범위가 완전히 일치할 수는 없다. 하지만 보훈대상자가 장애인 복지 서비스를 받고자 할 때, 서비스 자격은 부여해야 하지 않을까? 보훈대상자 기준과 장애인 기준이 달라서, 일부 지원정책에서는 보훈대상자에게 서비스 혜택이 많고, 일부 정책에서는 장애인 혜택이 많아지는 이상 현상이 나타난다. 신체적 정신적 손상으로 생활에 제약을 경험하는 측면은 같은데, 법적 인정기준이 다르기 때문에 필요한 서비스를 받지 못한다면 이는 제도 개선이 시급한 문제라고 하겠다.

현재 우리나라에서 인정되는 장애 유형과 정도, 그 범위가 지나치게 협소하다. 15개 유형만을 인정하고 있으며, 우리나라 전체인구의 약 5% 정도가 등록 장애인이다. 이에 비해 다른 서구사회의 다른 나라의 장애인구 비중은 약 20% 수준이다. 이는 장애인을 인정하는 기준과 관점이 다르기 때문이다. 우리나라는 장애인을 의료적 모델로 바라본다. 한편 서구사회는 사회적 모델을 적용한다. 사회적 모델은 의료적 기준의 손상과 기능의 상실을 장애로 보는 것이 아니라, 육체적 손상이 있는 사람에 대한 고려 없이 그들을 사회적으로 배제하는 사회 구조와 사회 환경을 장애라고 인식한다.* 사회적 모델에서 장애는 육체적 손상을 가지고 있는 사람에 대한 사회구조적 차별과 억압의 결과이지, 개인의 신체 기능적 특징이 아닌 것이다. 그렇기에 사회적 모델은 장애를 치료하는 것이 아니라 사회적 억압과 차별을 해결하여 장애친화적인 사회 환경을 조성하는 것을 목표로 삼는다.

사회적 모델에 의하면 장애는 기능과 손상 정도가 아니라 사회구조적 차원에서 접근해야 하기 때문에 현재 「장애인복지법」에서 인정하는 15개의 장애 유형 외에도 사회구조와 경험에 따라 장애의 범위가 확장될 수 있다. 앞서 언급한 고엽제후유(의)증으로 인한 피부질환이나 흉터의 장애 역시 의료적 기준이나 손상이 아니라 사회적 맥락에서 장애로 인정될 수 있는 것이다. 또한 사회적 모델은 단순히 인정되는 장애 유형을 확장할 수 있

* Oliver, 1996.

다는 것뿐만 아니라, 장애인과 비장애인이 평등한 사회를 지향하며 사회의 방향성과 장애 정책의 지향성을 제시한다는 점에서 의의가 있다. 특별히 보훈대상자를 사회적 모델로 바라보는 것은 보훈에 대한 의미와 가치에 대한 제고로 이어질 수 있다.

3. 보훈대상자를 위한 장애인 복지제도

보훈대상자를 위한 장애인 복지제도를 보건복지부를 중심으로 제공되는 장애인 복지 서비스와 보훈처를 통해서 제공되는 보훈대상자 서비스로 나누어 살펴보고자 한다. 보건복지부에서 제공하는 장애인 복지 서비스는 크게 건강지원, 양육지원, 교육지원, 주거지원, 생활지원, 안전·활동지원, 임신·출산지원으로 나누어진다. 이 중 장애 아동이나 청소년을 대상으로 하는 서비스를 제외한 서비스는 〈표 2〉와 같다.

〈표 2〉 대표적인 장애인 복지 서비스

영역	서비스 내용
건강지원	장애정도 심사용 진단서 발급비 지원
	장애인 의료비 지원
	장애친화 건강검진
	지역장애인보건의료센터
	청각장애인 인공달팽이관 수술비 지원
교육지원	방송소외계층 방송접근권 보장사업
	장애인 운전교육/정보화교육 사업
주거지원	농어촌 장애인 주택 개조
	장애인 주택 특별(우선)공급
생활지원	긴급복지 지원제도
	무료 법률구조 제도
	의료급여 제도
	장애수당
	장애인 거주시설 실비입소 이용료 지원
	장애인 건강보험료 경감
	장애정도 심사용 진단서 발급비 지원
	장애인 자립자금 대여
	장애인 전용 승용자동차에 대한 개별 소비세 면제
	장애인연금
	장애인을 위한 요금감면 제도
	증여세 과세가액 불산입

안전·활동 지원	장애인 보조기기 급여
	장애인 보조기기 지원
	장애인 생활이동지원센터
	장애인 의료재활시설 이용
	장애인 체육시설
	장애인 활동지원
	장애인 거주시설 이용
	장애인 복지관
	장애인 재활지원 사업
	장애인 주간 보호시설
	정보통신 보조기기 보급
	지역사회 중심 재활사업
	지역사회통합 건강증진 사업
	가사·간병 방문 지원사업
고용지원	장애인 고용관리 비용 지원
	장애인 고용장려금 지원
	장애인 직업능력개발 운영(훈련수당)
	장애인 직업재활시설 이용
	장애인 창업점포 지원사업
	장애인 취업성공패키지
	장애인고용 시설장비 융자 지원
	장애인기업 종합지원센터
	장애인 창업육성
	장애인 표준사업장 설립지원
	중증장애인 지원고용(훈련수당)
	중증장애인 직업재활 지원(훈련수당)
	중증장애인확인서 발급
	최저임금 적용제외 근로장애인 전환지원

대표적인 장애인 복지 서비스를 살펴보면, 장애수당은 중증장애인에 해당하지 않은 등록장애인 중 기초생활수급자나 차상위계층에게 소득 수준 및 주거형태에 따라 매월 지급되는 급여이다. 소득 수준에 따라 월 최대 4만원 지급된다. 장애인연금은 노령기초연금과 마찬가지로 무기여 급여 형태로 하위소득 70% 수준의 중증장애인에게 지급되는 소득보장정책이다. 중증장애인 본인과 배우자의 소득인정액이 일정 수준 이하에 해당할 경우 지급되고, 기초급여와 부가급여로 나누어 지원된다. 소득 수준에 따라 2020년 현재 최대 38만원이 지급된다.

장애인의 건강과 관련하여서는 장애인 의료비 지원과 의료급여가 대표적이다. 장애인 의료비 지원의 경우 의료급여 2종 수급자 및 차상위 본인부담 경감 대상자인 등록장애인을 대상으로 의료비 본인부담금의 전액이나 일부를 지원하는 서비스이다. 의료급여의 경우 장애인에게만 주어지는 서비스는 아니지만 의료급여를 통해 장애인보조기기 구입비를 지원받을 수 있다.

다음으로 가장 대표적인 장애인 복지 서비스 중 하나인 장애인 활동지원 서비스를 살펴보면, 장애인 활동지원 서비스는 만6세~만65세 미만의 등록장애인 중 활동지원등급 판정을 받은 장애인을 대상으로 지원된다. 장애인 활동지원 급여를 통해 활동보조(신체·가사·사회활동 지원), 방문간호, 방문목욕 등의 서비스를 이용할 수 있다. 장애인 활동지원 서비스는 장애인의 기능 상태와 사회활동 여부, 가구환경 등을 종합적으로 고려하여 평가하고, 바우처(이용권) 형식으로 제공되어 장애인이 직접 자신이 받을 서비스의 내용과 기관을 선택할 수 있다. 아마도 보훈대상자가 복지부에 장애인등록을 하고자 하는 대부분의 이유는 장애인활동지원 서비스를 받고자 하기 때문일 것이다. 최대 하루에 24시간까지, 지자체에 따라서는 장애인에게 하루 3교대로 지원 인력을 파견하는 제도이기 때문에 중증장애인에게는 자립을 지원하고, 가족에게는 돌봄 부담을 완화하는 정책이며, 현재 장애인복지제도 중 가장 많은 예산이 투입되는 정책이기도 하다.

이 외에도 장애인 복지관과 생활시설, 보호시설 등을 이용할 수 있으며, 등록 장애인의 경우 방송요금이나 통신요금, 교통비 감면 등을 받을 수 있다. 최근에는 장애인의 자립에 대한 관심이 증가하고 있어 취업·창업과 관련된 지원 서비스, 지역사회에서 함께 생활하는 지역사회 중심의 서비스 지원도 활발하게 이루어지고 있다. 특히 장애인 고용이 많이 장려되고 있으며, 한국장애인고용공단을 통해서 장애인 고용정책이 최근 강화되고 있어 장애인의 사회참여도 높아지고 있다.

다음으로 보훈대상자에게 제공되는 복지 서비스를 살펴보면, 각종 수당을 지급하는 보훈급여금, 직계 가족 및 후손들에게 제공되는 교육지원, 의료지원, 취업지원, 양로, 요양지원 등으로 다양하다. 물론, 보훈대상자에게 제공되는 서비스의 경우, 보훈대상자 유형에 따라 제공되는 서비스가 상이한 특징도 있다. 장애인이라는 이유로 보장하는 장애인복지와는 달리, 보훈대상자는 국가에 기여하고 헌신한 일을 기준으로 대상자 유형을 정하고 있고 이에 따라 지원 내용도 상이하다. 이 장에서 보훈대상자 유형별 제공 서비스를 전부 소개하기에는 한계가 있어 대표적인 서비스를 중심으로 살펴보고자 한다. 보훈대상자에게 제공되는 서비스는 〈표 3〉과 같다.

〈표 3〉 보훈대상자 대상 복지 서비스

영역		서비스 내용
보훈급여금	정기	보상금
		간호수당
		생활조정수당
		6·25전몰군경자녀수당
		고엽제후유의증환자(고엽제후유증2세환자)수당
		무공영예수당
		참전명예수당
		4·19혁명공로수당

	수시	사망일시금
		장제보조비
		재해보상금
교육지원		수업료 등 면제 및 보전
		학습보조비 및 장학금 지급
의료지원		의료지원
		보철구 지원
		의료급여증 발급
		보철용차량지원
		고엽제환자 진료
취업지원		취업지원 실시기관
		고용의무제
		취업시 가점
		차별대우 금지
		직업교육훈련 비용 국가 부담
대부지원		장기저리 대부지원
양로·양육지원		보훈원 운영
요양지원		재가 및 시설급여 이용 본인 부담금 일부 지원
이동보훈복지사업		보훈재가복지 서비스지원
		노인생활지원용품 지급
		이동보훈복지팀(BOVIS) 운영
제대군인 지원		제대군인지원센터를 통한 취·창업 지원
		제대군인 직업교육훈련지원
		제대군인 생활안정 지원
참전유공자 지원		참전명예수당 지급
		보훈병원 등 진료비 감면
		고궁 등의 이용시설 지원
		장제비 보조
		영구용 태극기 증정
재해위로금		인명, 주택, 공동이용시설, 기타재산 피해에 대한 재해위로금 지급

복지시설 건립 · 운영	보훈복지타운
	보훈원
	보훈휴양원
	보훈요양원(수원,광주,김해,대구,대전,남양주)
	보훈교육연구원
	재활체육센터
용사촌 지원	복지공장 설비 및 운영자금 융자 알선
	주거환경개선 지원
	복지공장 생산품 판로 알선 및 지원
보훈상담센터	보훈 민원 ONE-STOP 상담서비스 제공

대표적인 보훈대상자 복지 서비스 중 하나는 보훈급여금이다. 보훈급여금은 서비스 제공 범위가 가장 넓고, 보훈 예산 중 가장 많은 비중을 차지하는 서비스이다. 보훈급여금은 희생과 공헌의 정도와 개별 여건에 따라 차등 지급되며, 정기적으로 지급되는 수당 형식의 정기보상금과 사망이나 재해 등 특수한 상황에 일시적으로 지급하는 수시보상금으로 나누어진다.

보훈대상자에 대한 의료지원은 보훈병원에서 진료는 받는 경우와 지정병원에서 위탁 진료를 받는 경우, 응급 및 통원 치료를 받는 경우 모두 국비로 지원이 되는 의료비국비지원과 보철구 지급 등으로 이루어진다. 의료지원의 경우 보훈대상자 본인뿐만 아니라 배우자나 선순위 유족 등도 받을 수 있으며, 본인이 아닌 경우 보훈병원 진료금액의 60%가 감면되고, 40%는 본인이 부담

해야 한다.

다음으로 보훈대상자의 고령화로 평균연령이 높아지면서 관련 욕구도 함께 증가하고 있는 양로지원, 요양지원을 살펴보자. 양로지원은 부양의무자가 없는 65세 이상 남성 또는 60세 이상 여성 보훈대상자에게 제공되는 서비스이다. 수원에 있는 보훈원에서 서비스가 제공되고 있다. 보훈원에서 함께 제공되던 서비스였던 양육지원의 경우 2006년 이후 기준 대상이 없어 지원이 이루어지지 않고 있으며, 양로지원의 경우도 2010년 206명, 2015년 181명, 2019년 155명으로 점차 지원 대상이 감소하고 있다. 요양지원은 장기요양이 필요한 고령의 보훈대상자들에게 장기요양 서비스를 지원하고 있다. 요양지원서비스는 「노인장기요양보험법」 상 요양등급 판정을 받은 이들을 대상으로하며, 민간노인장기요양급여 이용을 지원하거나 보훈처에서 운영하는 보훈요양원 이용을 지원하는 형식으로 제공된다. 요양지원의 경우 애국지사, 국가유공상이자, 5·18민주화운동부상자, 특수임무부상자의 경우 80%가 지원되고, 그 외 대상자와 유족 및 배우자의 경우 40~60%가 지원된다.

양로지원, 요양지원과 유사하게 고령의 보훈대상자의 노후생활을 지원하는 서비스는 이동보훈복지사업이다. 이동보훈복지사업은 보훈재가복지 서비스 지원, 노인생활지원용품 지급, BOVIS라 불리는 이동보훈팀 운영 등으로 이루어진다. 보훈재가복지 서비스는 보훈섬김이, 보훈복지사, 보비스요원과 같은 자체 복지인력을 채용하여 가사활동과 건강관리, 편의를 지원하는 서비스이다. 노인생활지원용품 지원은 관급식, 기저귀, 물수건부터 수동휠체어와 같은 기기까지 총 11종을 지원한다. 이동보훈복지팀은 지역을 순회하며 보훈대상자를 직접 찾아가 보훈민원 서비스를 제공하는 전담팀으로 2007년에 정식으로 발족되었다. 이동보훈팀은 민원상담과 접수, 증명발급 이외에도 지역사회와 연계하여 보훈재가복지 서비스를 지원하거나, 대상자 발굴 및 관리, 보훈제도 홍보 등의 활동을 한다.

다음으로 최근 확대되고 있는 제대군인 지원 서비스를 살펴보면, 제대군인 지원 서비스는 제대군인의 사회복귀를 위하여 전역 전부터 전역 후 지원까지 통합적으로 지원하는 서비스이다. 5년 이상 복무하고 제대하는 중·장기복무 제대군인을 대상으로 하며, 전국 7개 지역에 설치된 제대군인지원센터를 통해 취업과 창업을 지원한다. 이 외에도 자격증이나 실무교육을 위한 제대군인 직업교육훈련을 지원하고, 10년 이상 복무한 장기제대군인의 경우 본인과 자녀를 대상으로 교육지원, 저금리의 대부지원,

의료지원, 제대군인 생활안정 지원도 이루어진다. 앞서 언급했던 것처럼 보훈대상자가 고령화되고, 대상자와 유족 및 가족이 사망하는 경우가 늘어나면서 점차 제대군인에 대한 보훈 서비스가 확충되는 방향으로 보훈정책이 변화하고 있다.

이 절에서 살펴본 것과 같이 장애인 대상 복지 서비스와 보훈대상자 대상 복지 서비스는 현재 나누어져 있다. 현재의 전달체계에서는 보훈대상자가 보훈처에서 제공하는 복지 서비스에 보건복지부에서 제공하는 복지 서비스를 추가로 이용하고 싶은 경우에는 개별적으로 신청해야 하며, 각각 정하는 대상 범주가 상이하기 때문에 모든 보훈대상자가 「장애인복지법」 상의 장애인 등록을 할 수 있는 것은 아니다.

두 가지 구분된 정책을 개괄적으로만 살펴보았다. 특징적인 차이는 장애인복지지원의 경우 연령 및 장애 유형과 무관하여 우선 복지지원의 대상으로 인정되며, 생활지원 및 고용 관련 서비스가 많았다. 한편, 보훈대상자 복지 서비스는 주로 수당이 발달해 있고 치료 중심의 지원이 많았다. 또한 고령에 해당되는 대상자가 많아 양로, 요양, 이동지원 형태의 서비스가 눈에 띈다. 불과 십수년 전에는 장애인복지정책이 미비하고 요금 할인·감면 혜택 위주라서 보훈대상자가 장애인복지지원과 비교되거나 장애인 등록이 주요한 이슈가 되지 않았다. 그러나 최근 장애인 복지정책과 서비스가 다양해지면서 보훈 장애인과 그 가족 또한 장애인 복지지원에 관심을 갖게 되는 듯하다.

4. 보훈대상자와 장애인복지 정책 과제

앞 절에서는 보훈대상자와 장애인복지법상의 장애인의 개념을 함께 살펴보고, 각각의 복지 서비스를 비교하였다. 발견된 문제점을 정리하면 다음과 같다. 1) 보훈대상자와 장애인의 법적 개념 차이로 인해 지원 정책과 서비스 격차가 개인별로 나타난다. 2) 보훈대상자가 장애인복지 서비스를 받기 위해 별도 등록을 해야 하며, 15개 장애인 범주에 해당하지 않으면 전혀 장애인 복지혜택을 받기 어렵다. 3) 장애인복지정책의 발전과 변화 속에서 보훈대상자에 대한 고려가 전혀 없다. 4) 등록장애인 인구 중 보훈대상자가 몇 명인지 기초통계 자료조차 없다 5) 보훈대상자 관련 복지 서비스와 장애인 대상의 복지 서비스가 연계되어 있지 않다. 6) 장애인과 보훈대상자는 개념 정의에서 복지 혜택에 이르는 분명한 개념적 구분이 필요하며, 복지지원에 있어서 일부 통합적 관리 및 지원도 필요하다. 7) 보훈대상자의 고령화 현상 및 상대적으로 규모가 커지는 제대군인과 지원대상자를 위한 복지지원 체계 마련이 필요하다. 이하의 내용에서는 이러한 문제의식을 바탕으로 보훈대상자의 복지 증진을 위해서 어떠한 정책적 노력이 필요한지 논의하고, 앞으로 함께 고민해야 할 문제와 방향을 제시하고자 한다.

첫째, 보훈대상자와 장애인에 대한 통합적인 지원 체계가 일부 필요하다. 현재는 보훈처와 보건복지부가 각자 서비스를 제공하고 있다. 보훈처와 보건복지부가 제공하는 서비스가 완전히 일치하지는 않지만, 양로나 요양, 이동지원 등과 관련된 지원에서는 서비스 간 유사성이 높다고 판단된다. 하지만 보훈대상자 중 등록 장애인이 몇 명이고, 그들이 어떠한 서비스를 이용하고 있는지에 대한 기초 정보조차 현재 정리되어 있지 않다. 만약 통합지원체계 마련이 어렵다면, 적어도 장애인복지정책 개발 시 보훈대상자에 대한 고려가 가능하도록 보훈처에 정책 영향평가 등을 의뢰할 수 있도록 하는 정책개발 협조체계라도 구축하면 좋겠다.

둘째, 통합지원체계를 마련하는 것이 현실적으로 어렵다면, 보훈대상자가 장애인복지 지원 사항 중에서 어떤 서비스에 관심이 높은지, 장애인 등록을 시도했다가 탈락한 이들이 있는지 등에 대한 조사를 할 필요가 있으며, 이들을 위한 복지 서비스 개발이 필요하다. 특히 고령화되는 보훈대상자의 특성을 고려하여 고령 장애인 특성에 맞는 복지 서비스 지원이 필요하다고 하겠다.

셋째, 보훈대상자와 장애인 당사자 단체의 교류와 연대 사업 활성화도 필요하다. 과거와는 달리 장애인복지지원이 많이 늘어났으며, 보훈대상자는 이들과 구분하여 관리한다는 생각 때문에 상호간 교류가 없이 서로를 배제했다. 장애인 단체와 보훈대상자 당사자 단체의 교류가 거의 없는 상태에서 유사한 사업을 계속하고 있는 것도 이러한 까닭에서이다. 각 지자체별로 장애인 당사자 단체, 보훈대상자 단체 등에 대한 지원을 하고 있는데, 유사사업을 같이 하는 방안 마련도 고민할 필요가 있다.

넷째, 보훈대상자에 대한 차별화된 복지 서비스가 필요하다. 보훈대상자와 장애에 대한 통합적인 지원 체계가 필요하다는 주장은 보훈대상자와 등록장애인 간 급여와 서비스 지원 수준을 통일해야 한다는 주장과는 다르다. 보훈대상자의 경우 국가와 사회를 위하여 희생한 이들이다. 보훈대상자로 지정하고, 이들을 대상으로 한 서비스를 제공하는 것은 이들의 공로를 사회적으로 인정하고, 이들에 대한 각종 지원을 통해 예우를 다하기 위함이다. 그러므로 보훈대상자 중 장애인으로 등록이 된 자와 일반 등록 장애인과 동일한 서비스와 급여를 받게 하는 것은 신중한 접근이 필요하며, 완전한 통합지원 시스템을 만드는 일은 불가능할 수도 있다. 실제로 미국의 경우 의료지원 등에서 차등을 두어 보훈대상자에게 양질의 의료서비스를 제공하는 등 차별화된 복지 서비스를 제공하고 있다. 우리나라도 이미 보훈대상자는 수당과 같은 현금급여가 일반 장애인에 비해 높고, 보훈병원 이용 등에 있어서 의료보장의 수준도 상대적으로 높다고 판단된다. 그러나 사회통합 프로그램이나 활동지원 서비스 등 생활지원에 있어서 보훈대상자들의 장애인 복지에 대한 욕구가 있다고 판단되는데, 향후에는 이러한 특성과 욕구를 고려하여 일부 지원은 보훈대상자만이 해당되는 특정적 사업으로 하고, 일부 지원은 장애인복지시스템 안으로 들어갈 수 있는 방안을 고려해야 할 것이다. 예를 들어, 고엽제 치료 대상자들은 장애인 복지 대상자로 등록이 불가하여 장애인복지지원을 받을 수 없기에 복지부에서 장애 범주 확대시 당사자 의견을 피력하여 범주로 인정받게 하는 전략을 취하거나, 필요로 하는 장애인복지지원의 서비스 내용을 파악하여 보훈처에서 별도 사업으로 개발하는 방안을 고려해야 할 것이다.

다섯째, 보훈대상자에 대한 심리·사회적 보상이 이루어져야 한다. 차별화된 서비스를 제공하고 높은 수당을 보장하는 것도 중요하지만 이와 동시에 보훈대상자에 대한 심리적·사회적 보상이 있어야 한다. 현재 보훈대상자 대부분은 독립운동에 참여했거나 전쟁에 참전했거나, 민주화 운동에 힘썼던 사람들이다. 이들이 국가와 사회를 위해 희생하고 공헌한 부분이 크고, 이들의 헌신이 있었기에 현재의 대한민국이 있을 수 있지만 시간이 흐를수록 이들의 희생과 그 가치가 희미해지고 있다. 특히 젊은 세대일수록 과거의 공헌이나 가치와 분리될 가능성이 높은데, 그 결과가 보훈대상자에 대한 무관심으로 나타날 수 있다. 이러한 세대 간 분리는 보훈대상자에 대한 심리적·사회적 보상과 인정을 어렵게 하는 기제로 작동한다. 그렇기에 보훈대상자에 대한 심리적·사회적 보상이 온전히 이루어지기 위해서는 현재 보훈의 가치를 인정하고 정책적으로 보상 및 지원을 하는 것과 동시에 다음 세대에 대한 교육이 함께 이루어져야 한다. 현재 보훈처는 각종 선양사업과 기념 행사 등을 통해 보훈 정신을 계승하기 위한 노력을 하고는 있지만 일시적이고 단기적인 행사가 중심이다. 그러므로 좀 더 친근한 방식을 통해 다음 세대에게 접근하고, 이를 통해 보훈과 역사적 공로에 대해 배우고 체험할 수 있는 기회를 제공해야 한다.

여섯째, 국민의 보훈대상자에 대한 인식 제고를 위한 노력이 필요하다. 현재 「장애인복지법」과 「장애인 고용촉진 및 직업재활법」에 의거하여 장애 인식 개선 교육이 의무화되어 모든 사업장과 학교에서 연 1회씩 의무교육을 하고 있다. 장애 인식 개선 강사도 전국적으로 양성되고 있다. 보훈대상자에 대한 별도 복지지원을 하다고 하더라도 사실 국민 다수는 보훈대상자를 일반적인 '장애인'과 구분하여 생각하지 않을 것이다. 보훈대상자들 역시 스스로를 장애인으로 인식하지 않을수도 있겠으나, 장애 인식 개선 교육이 전국적으로 이루어지고 있는 흐름 속에서 '보훈 장애인'으로 집단 정체성을 형성하고 인식 개선 교육에 동참하는 방안도 고려할 필요가 있다.

일곱째, 제대군인이나 전상·공상 군경, 공상공무원 등에 대한 지원이 강화되어야 한다. 독립운동이나 전쟁으로 인한 보훈대상자들은 사망했거나 고령인 경우가 다수이지만 제대군인이나 근무중 발생한 상이로 인하여 퇴직한 군경과 공무원들은 비교적 젊은 보훈대상자에 속한다. 이는 이들이 보훈대상자로 인정된 이후 살아갈 시간이 다른 보훈대상자에 비해 길다는 것을 의미한다. 그러므로 이들에 대한 보상금이나 의료지원뿐만 아니라 이들이 이후의 삶을 준비하고 이어갈 수 있도록 실질적인 돌봄과 지원이 필요하다. 특히 보훈대상자 중 제대군인의 비율이 증가할 것으로 예상되는 상황에서 이들의 취업 혹은 창업을 지원하기 위한 구체적인 방향이 제시되어야 한다. 현재 제대군인을 대상으로 진행되는 취업 교육이나 보훈대상자에 대한 고용의무제도가 있지만 충분한 수준은 아니다. 취업 교육을 받을 수 있는 교육기관이 한정되어 있고, 직업교육에 초점이 맞춰져 있다 보니 교육 이후의 취업이나 창업, 혹은 그 이후의 사후관리는 미흡하다. 그렇기에 젊은 보훈대상자들이 전역이나 퇴직 이후의 삶을 온전히 살아갈 수 있도록 그들의 삶과 밀착된 관심과 관리가 필요하고, 특별히 직업교육에서 그치는 것이 아니라 지속적인 지원이 이루어져야 한다. 「장애인고용촉진 및 직업재활법」을 시행하는 한국장애인고용공단과 보훈처의 사업 대상자인 제대군인이 협력하는 사업을 기획하는 것도 좋겠다.

여덟째, 「장애인복지법」 상 장애 범주가 확대되어야 한다. 현재 「장애인복지법」 상 장애인은 15개 장애 유형에 속하고, 동시에 의료적 손상 기준을 맞춰야 한다. 하지만 앞서 살펴본 것처럼 보훈대상자 중 15개 장애 유형에 속하지 않아 장애인으로 인정받을 수 없는 이들이 존재한다. 그렇기에 장애를 의료적 모델이 아닌 사회적 모델로 바라보고 사회구조적·환경적 맥락에서 장애를 인식해야 한다. 사회적 모델의 차원에서 장애인복지지원의 시스템이 바뀐다면, 보훈대상자 역시 자연스럽게 복지 대상자로 포함될 수 있을 것이다.

위에서 언급한 것 이외에도 보훈대상자와 보훈 서비스에 대한 사회적인 관점과 논의가 필요하다. 특히 기존의 보훈대상자들이 고령화되면서 보훈대상자 본인이 아닌 가족들에 대한 지원이 늘어나고 있는데, 일각에서는 배우자나 자녀 이외에 후손에게까지 지원이 이루어지는 것은 특혜가 아니냐는 의견도 나오고 있다. 보훈대상자에게 예우를 다하고, 서비스를 제공하는 것에는 동의하지만 그 후손에게까지 혜택을 주는 것이 보훈대상자에 대한 예우에 해당하느냐에 대한 질문인 것이다. 실제로 대학에서 장학생을 선발할 때 조부모가 보훈대상자라는 이유로 우선순위에 오르거나, 취업이나 입학 가점을 받기도 한다. 이러한 제도와 처우를 어떻게 바라볼 것인가에 대해서는 입장에 따라 차이가 발생할 수밖에 없기 때문에, 관련 당사자와 전문가의 다양한 의견을 듣고, 공감대를 찾아가는 과정을 통해 보훈에 대한 논의가 더욱 풍성해질 수 있을 것으로 기대한다. 국가의 적극적 보호조치 또한 예우로 인정될 수 있다고 하나, 사회적 합의가 다시 필요해

지는 시점이 올 것이라 생각한다.

5. 나가며

지하철에서 그리고 장애인 당사자 단체 건물 등에서 참전 유공자를 본 적이 있다. 이분들은 휠체어를 타셨는데, 대부분 군복을 입고 가슴에 배지를 달거나, 예비군 모자 같은 데에 온갖 배지를 달고 다니신다. 몇 번의 목격담일 뿐이지만, 일반적으로 휠체어를 타는 장애인과는 구별되는 자기 정체성을 드러내고 싶어 하는 분이라는 생각이 들었다. '난 그냥 장애인이 아니라, 국가를 위해 헌신한 사람이니 존경받을 자격이 있다'고 대중에게 본인의 옷차림과 배지, 훈장 등으로 말하고 있는 듯했다.

보훈대상자들은 자기 정체성에 있어서 장애인과는 분명히 다를 것이기에 장애인복지지원도 받을 자격이 있고, 보훈대상자 지원도 받을 자격이 있다고 생각한다. 각각의 정책이나 사업이 주무부처와 관청의 차이로 인해 양쪽 복지지원의 사각지대에 처하게 되거나, 필요한 지원을 못 받는 문제는 없어야 할 것이다. 또한 보훈대상자들도 장애 정체성을 긍정적으로 가지고 보훈 대상은 장애인과 다르다는 점만을 강조하는 것이 아니라, 장애인인 동시에 보훈 대상 지원도 필요하다는 방향으로 주장을 펼쳐나가길 바란다. 그렇게 된다면, 어쩌면 아직까지 공식적으로 사용되지 않는 '보훈 장애인'이라는 용어가 장애인 사업 등에서 익숙하게 등장할 날이 있지 않을까 한다. 복지부 역시 의료적 기준만으로 만들어진 15개 유형을 고수하는 대신, 다양한 맥락을 적용하는 사회적 모델로의 장애개념과 범주를 바꿀 때 보훈장애인의 범주도 고려했으면 한다.

보훈대상자를 위한 미국의 통합의료 프로그램

서 경 화_ 프리랜서 연구원

1. 들어가며

미국법전(U.S. Codes) Title 38에 의하면, 보훈대상자(veteran)는 '현역 군, 해군 또는 공군에서 복무하고 불명예스럽지 않은 상태에서 전역 또는 제대한 사람'으로 정의된다(38 U.S.C. 101). 보훈대상자들 다수는 군복무와 관련된 건강 문제를 가지고 있어 임상적으로 복잡하고 잠재적으로 취약한 인구집단으로 간주된다(Farmer et al., 2016). 예컨대, 군복무를 수행하면서 발생한 부상과 그로 인한 외상후 스트레스 장애, 우울증, 약물오남용 등을 동반한 복합질환을 앓고 있는 특수한 경우가 많다. 즉 그들이 보유한 질병적 특성이 일반 환자와 다르기 때문에 미국 보훈보건청(Veteran Health Administration, VHA)은 의료서비스 제공에 대해 지역사회 민간 의료 제공자들과는 차별화될 수밖에 없다.

보훈대상자들의 임상적 특수성 때문에 VHA는 보훈대상자들에게 포괄적인 의료서비스를 제공해 왔으나, 보훈대상자들 다수는 VHA 외 지역사회 민간 의료 제공자들의 의료서비스에 대한 요구가 있었다(Auerbach et al., 2013). 실제로 Charlton 등(2016)에 연구에 의하면, 2000년~2010년 사이 등록된 보훈대상자 중 54%가 보훈의료서비스뿐 아니라 지역사회 민간 의료서비스도 함께 이용(dual-users)하고 있었다. 보훈대상자들은 지속적으로 그들에게 필요한 양질의 의료서비스에 대한 접근성과 의료서비스 제공의 적시성을 보장받기를 원했지만 보훈의료시설에서는 이를 충족시키지 못했다. 이에 보훈부에서는 보훈대상자들이 VHA 외 지역사회 의료서비스(community care)*를 이용할 수 있게 함으로써 양질의 의료서비스에 대한 접근성을 개선하고자 노력해 왔다.

그러한 노력의 일환으로 2014년 오바마 대통령은 보훈대상자의 의료서비스 선택권을 보장하고 지역사회 의료서비스에 대

* 본고에서 지역사회 의료로 번역한 '커뮤니티 케어'라는 용어는 국내에서 통상적으로 사용되는 커뮤니티 케어나 통합 돌봄과 완전히 동일한 개념은 아니다. 우리나라에서 보훈대상자들이 보훈의료기관 이외의 병의원을 자유롭게 이용하고 그에 대한 의료비를 청구하는 절차와는 다르게, 미국 보훈부에서는 지역사회별로 민간 의료기관으로부터 제공되는 의료서비스를 일반적으로 커뮤니티 케어라고 일컫는다. 따라서 본고의 지역사회 의료(커뮤니티 케어)의 의미를 이해하는 데 이러한 점을 고려하는 것이 필요하다.

한 접근성을 높이기 위한 「선택, 책임 및 투명성을 통한 보훈대상자들의 의료서비스 접근성에 관한 법(Veterans Access to Care through Choice, Accountability, and Transparency Act of 2014; Veterans Choice Act of 2014)」을 제정하여 Choice 프로그램(Veteran Choice Program, VCP)을 수립 및 실행하였다. 이어 2018년 트럼프 대통령은 Choice법과 Choice 프로그램을 개선 및 확장한 「보훈대상자들에 대한 내부 체계 유지 및 통합된 외부 네트워크 강화에 관한 법률(VA Maintaining Internal Systems and Strengthening Integrated Outside Networks Act of 2018; MISSION Act of 2018)」을 제정하였다. 이 법에 근거하여 기존의 여러 지역사회 의료 프로그램들을 지역사회 통합 의료 프로그램(Veteran Community Care Program, VCCP)으로 통합하여 단일 프로그램으로서 보훈대상자들의 의료서비스에 대한 적시성과 접근성을 제고하고자 하였다.

보훈대상자들이 지역사회 의료서비스를 이용하게 되면 양질의 의료서비스에 대한 접근성이 개선될 것을 기대하지만 여기에는 반드시 보훈부와 비 보훈부 소속 의료기관(즉, 지역사회 민간 의료제공자)간 조정·연계(care coordination)가 전제되어야 한다. 이는 곧 다양한 의료 환경에 걸쳐 환자 중심의 '통합 의료'를 보장하는 중요한 요소라고 할 수 있다. 무엇보다 의료서비스의 조정·연계와 통합 의료의 실현은 의료비 절감과 양질의 의료서비스 제공 그리고 환자의 경험도 긍정적으로 평가받을 수 있는 편익이 있다. 이는 보훈의료체계에서도 예외는 아니며 MISSION법의 제정과 VCCP의 실행은 그간 미국 보훈대상자들이 겪었던 긴 대기시간, 의료서비스에 대한 접근성 문제를 완화하는 데 중점을 두었다고 볼 수 있다.

따라서 본고에서는 미국에서 2018년 6월 제정한 MISSION법과 동법에서 핵심적으로 다루고 있는 보훈대상자를 위한 지역사회 통합 의료 프로그램(VCCP)을 살펴보고자 한다. 특히 VCCP를 통해 보훈의료와 지역사회 의료 간 통합 의료를 실행하기 위한 정책을 통해 미국 보훈의료체계에서 지역사회 의료의 의미와 역할을 탐구하고자 한다.

2. MISSION ACT의 제정 배경과 주요 내용

1) 제정 배경 및 주요 경과

2018년 6월 6일 미국 트럼프 대통령은 2018년 MISSION법에

서명하였는데, MISSION법에서는 동법의 제정 목적을 다음과 같이 서술하였다;

> "보훈대상자들을 위한 영구 지역사회 통합 의료 프로그램 설립을 위해, 보훈의료기관들의 현대화 또는 재배치와 관련하여 권고할 목적으로 위원회를 설치하기 위해, 보훈부 시설을 개선하기 위해, 보훈부의 주택 융자 프로그램(home loan program)과 관련하여 기타 목적을 위해 보훈부 장관이 관할하는 법의 특정 부분을 개선하기 위한 법(H.R.5674 - VA MISSION Act of 2018.)"

MISSION법이 제정되기 이전에는 2014년 Choice법에 따라 보훈대상자들의 의료서비스 제공 관련 정책 및 프로그램들이 수립되었다. 동법은 미국 전역에 걸쳐 다수의 보훈의료기관들에서 발생되는 대기시간 조작(manipulation) 및 접근성 이슈를 완화하기 위한 조치로 제정되었다(Panangala et al., 2018). 그러나 Choice법을 통해 수립된 보훈대상자 의료서비스 제공 관련 프로그램인 VCP와 그에 지원되는 재정이 일시적으로 운용된다는 한계가 있었다. 114대 의회의 임기 말~115대 의회 임기 시작시점에 걸쳐 VCP 종료일의 삭제, 추가 예산 배정 등과 같이 여러 차례 개정법을 마련하여 Choice법의 문제점을 해결하고자 하였다.

그러나 2017년 10월 보훈부는 상하원 보훈위원회에 VCP를 대체하는 프로그램에 대한 계획을 제출하였고, 이는 보훈대상자들이 지역사회에서 의료에 접근할 수 있는 자격 요건들을 명확히 하였을 뿐 아니라, 지역사회 의료 프로그램들을 통합하는 내용을 제안하는 등 구체적인 계획을 담고 있었다(VA, 2017). 이 계획을 시작으로 보훈대상자들에 대한 지역사회 의료서비스 제공 관련 법안을 발의하였고, 해당 법안들에서 다루고 있는 내용들을 조합하여 최종적으로 VA MISSION Act가 발의되었다(Panangala et al., 2018).

처음 법안이 상원에 발의된 것은 2018년 5월 2일이고, 상원 보훈위원회의 만장일치로 개정 없이 통과되었다. 상원에 이어 하원에서도 법안이 통과되었으나, 일부 조항에 대한 하원의 수정안이 제기되었고 7일간의 논의 끝에 상원에서 하원의 수정안에 동의함에 따라 2018년 6월 5일 대통령에게 전달되었다. 마침내 2018년 6월 6일 트럼프 대통령이 법안에 서명했으며 Public Law 115-182 법률이 제정되었다. 이후 2018년 9월 29일 제정된 「보훈부 만료 당국 법(Department of Veterans Affairs Expiring Authorities Act of 2018)」에 의해 일부 특정 조항은 추가로 수정되었다(CONGRESS.GOV, 2018; GovTrack, 2018). 이에 따라 기존 Choice 법에서 제공하던 프로그램의 대상 요건과 내용을 개선 및 확대 적용하여 영구적으로 운영한다는 내용을 주요 골자로 MISSION 법이 제정된 것이다.

3. MISSION ACT의 주요 내용

MISSION법은 총 5개 타이틀(title) 하에 4개 서브타이틀(subtitle), 4개 챕터(chapter) 그리고 총 57개 섹션(section)으로 구성되어 있다. 동법에서는 다음과 같은 주요 4개 분야를 광범위하게 다루고 있다(Panangala et al., 2018).

① 보훈대상자들에 대한 지역사회 통합 의료 프로그램(VCCP)

② 돌봄 가족들을 위한 포괄적인 지원 확대

③ VHA의 자산 및 인프라 검토

④ VHA 내 의료제공자들의 채용 및 고용 유지

본고에서는 MISSION법에서 중요하게 다루고 있는 4개 분야별로 구체적인 내용을 제시하였다. 그중에서도 보훈의료와 관련된 지역사회 통합 의료 프로그램(VCCP)은 좀 더 중점적으로 살펴보고자 별도의 장에서 상세한 내용을 기술하기로 한다.

1) 보훈대상자들에 대한 지역사회 통합 의료 프로그램(VCCP)

미국 보훈부에서는 지속적으로 보훈의료전달체계 개선을 위해 노력해 왔고, 특히 보훈의료전달체계에서 민간 부문의 역할에 대한 오랜 기간의 정책 논쟁이 있어 왔다. 동법을 통해 수립된 VCCP는 그러한 정책 논쟁의 결과물이라고 볼 수 있다(Panangala et al., 2018). 그간 미국 보훈의료체계에서는 보훈대상자들이 보훈부 산하 의료기관 외 지역사회 민간 의료기관을 통해 적절한 의료서비스를 제공받을 수 있도록 7종의 지역사회 통합 의료 프로그램을 운영해 왔다. 그러나 MISSION법을 통해 7개 프로그램을 1개의 지역사회 통합 의료 프로그램(VCCP)으로 통합하였고, 이를 통해 보훈대상자들이 지역사회에서 조정된 의료서비스에 대한 접근성과 용이성을 제고할 수 있게 되었다(Official Blog of VA, 2019).

보훈부 장관 Robert Wilkie에 따르면, 무엇보다 동법의 가장 핵심 목표 중 하나는 보훈대상자들이 원하는 장소와 시간에 의료서비스를 받을 수 있게 보장하는 것이다. 그런 측면에서 VCCP는 과거 수십 년 동안 보훈부에서 지역사회 의료인들을 통해 제공해 온 복잡한 여러 가지 프로그램을 단일 프로그램으로 통합함으로써 목표를 달성하는 데 중요한 역할을 하게 되었다. MISSION법을 통해서 자격 요건에 부합하는 보훈대상자들은 지역사회 통합 의료서비스를 받을 수 있게 되었고, 기존 Choice법에서 제공되던 VCP의 자격 요건 및 제공 범위가 다소 확대되었다고 볼 수 있다.

2) 돌봄 가족들을 위한 포괄적인 지원 확대

군복무로 인해 부상을 입었거나 신체적·정신적으로 질병을 앓고 있는 보훈대상자들은 일상생활을 하는 데 간병인들의 역할이 매우 중요하다. 의료기관에 입원해 있는 상태가 아닌 경우에도, 가정 내 돌봄, 진료를 위한 의료기관으로의 이동 등에서 돌봄 역할을 수행할 간병인이 필요한데 이 역할은 주로 가족들이 담당하게 된다. 이러한 돌봄 가족들을 지원하고자 보훈부에서는 간병인 지원 프로그램을 운영하고 있었는데 이는 원래 2001년 9월 11일(9.11 테러) 또는 그 이후에 군복무 중 심각한 부상을 당하거나 상태가 악화된 적격한 보훈대상자들에게만 적용되던 프로그램이었다.

그러나 MISSION법이 제정되면서 '돌봄 가족들을 위한 포괄적인 지원 프로그램(Programs of Comprehensive Assistance for Family Caregivers, PCAFC)'을 통해 9.11 테러 이전의 대상자들에게도 돌봄 가족들에 대한 지원 혜택이 적용될 수 있도록 확대 지원하기로 규정하였다. 동법에 따르면, 이 프로그램은 2001년 미국에서 발생한 9.11 테러 시점 이전에 군복무를 했던 보훈대상자들의 돌봄 가족에게까지 적용 가능하도록 대상을 확대했다. 이로써 PCAFC에 관한 규정은 모든 시대의 보훈대상자들을 아울러 해당 프로그램을 확대 적용하도록 한 데 중요한 의의를 둔 규정이라고 볼 수 있다.

또한 동법에서는 돌봄 가족 프로그램을 평가하고 개선하기 위한 정보기술 시스템을 2018년 10월 1일까지 구현하도록 규정하였고, 이 시스템이 구현되는 시점을 기준으로 PCAFC를 두 단계에 걸쳐 확대 적용하도록 하였다. 첫 번째 단계는 1975년 5월 7일 또는 그 이전에 군복무 중 심각한 부상을 당한 대상자들부터 적용되는 것으로, 보훈부가 정보기술 시스템을 완전히 구현했음을 의회에 증명한 시점으로부터 2년 동안 혜택을 받을 자격이 주어진다. 두 번째 단계는 1975년 5월 7월부터 2001년 9월 11일 사이에 군복무 중 심각한 부상을 당한 대상자들에게까지 확대 적용되며, 첫 번째 단계를 실행한 지 2년 후에 PCAFC에 대한 자격을 가지게 된다.

구체적으로 PCAFC는 자격요건에 부합하는 보훈대상자의 돌봄 가족들에게 훈련, 강화된 임시 간호(respite care), 상담, 기술적 지원, 여행, 월급여를 비롯하여 (자격이 되는 경우) 의료서비스 이용*도 할 수 있는 혜택들을 제공하는 프로그램이다(VA, 2020a). 돌봄 가족 프로그램의 적용을 받으려면 다음과 같은 자격요건에 모두 부합해야 한다(〈표 3-1〉).

〈표 3-1〉 PCAFC 자격요건

구분	자격요건
돌봄 가족	· 반드시 18세 이상이어야 하며, 아래의 조건 중 하나를 만족해야 함. ① 보훈대상자의 배우자, 아들, 딸, 부모, 의붓가족 구성원 또는 확대가족 구성원(조부모 등) ② 보훈대상자와 함께 거주하고 있거나 가족 간병인으로 지정된 경우 그렇게 할 의사가 있는 사람

* 보훈부의 시민 보건 및 긴강 프로그램(Civilian Health and Medical Program of the Department of Veterans Affairs, CHAMPVA) 자격요건에 부합하는 경우에 한함.

보훈대상자	· 장애 수준이 70% 이상이어야 함. · 다음의 기간 내 군복무 중 입은 장애가 군복무 활동으로 인하여 발생하였거나 악화된 경우에 해당해야 함. - 2011년 9월 11일 또는 그 이후 - (또는) 1975년 5월 7일 또는 그 이후

자료출처: U.S. Department of Veterans Affairs. (2020b). Program of comprehensive assistance for family caregivers. https://www.va.gov/family-member-benefits/comprehensive-assistance-for-family-caregivers/(2020/ 10/ 30).

3) VHA의 자산 및 인프라 검토

MISSION법에서는 VHA의 시설들에 대한 현대화(modernization)와 재배치(realignment) 과정을 수립하고, 이 과정에 따라 보훈부는 보훈대상자들의 보건의료 필요에 더 부합하기 하기 위해 VHA 산하 시설들을 폐쇄, 현대화 혹은 재배치하는 권고사항을 마련하는 데 활용할 기준을 개발하도록 규정하였다. 이를 위해 동법 Title II에서는 '자산 및 인프라 검토 위원회(Asset and Infrastructure Review Commission, AIR 위원회)'를 설치하고, 관련된 특정 임무를 부여하도록 하였다.

보훈부 장관은 보훈의료시설 처리 기준에 따라 구체적인 권고사항을 작성하여 연방관보(Federal Register)에 발표하고 상하원의 보훈위원회 및 AIR 위원회에 보고한다. 권고사항과 더불어 보훈대상자 통합 서비스 네트워크와 의료시설에 대한 역량 및 시장 평가를 수행하여 이 결과도 관계 위원회에 제출한다. 권고사항을 받은 위원회는 권고사항의 영향을 받는 지역에서 공청회를 개최하고 내부 검토를 통해 도출된 결과를 대통령에게 전달한다. 다만 위원회에서 검토하는 동안 법에서 정한 요건에 부합되는 사항에 대해서는 장관이 제출한 권고사항을 변경할 수 있으며, 변경사항에 대해서는 대통령에게 설명해야 한다.

대통령은 위원회로부터 받은 권고사항에 대해 승인(approval) 또는 비승인(disapproval)의 결과를 포함한 보고서를 위원회와 의회에 전달해야 한다. 대통령이 승인할 경우 대통령은 승인한 인증서와 함께 승인받은 권고사항의 사본을 의회에 제출하고, 비승인할 경우 (a) 대통령이 비승인한 이유에 대한 검토 및 분석한 결과; (b) 결론 그리고 위원회가 보훈의료시설의 현대화 및 재배치가 적절하다고 결정한 권고사항을 포함한 보고서를 대통령에게 제출해야 한다. 그러나 대통령이 승인한 경우일지라도, 승인한 결과 및 인증서를 의회에 전달하지 않으면, 보훈의료시설이 현대화 또는 재배치 대상으로 선택될 수 있는 프로세스는 종료된다.

대통령이 의회에 승인 보고서를 제출하게 되면 장관은 그 시점으로부터 3년 이내에 권고된 현대화 및 재배치 관련 실행 계획 및 예산에 대한 구체적인 정보 제시 등을 이행해야 한다. 단, 대통령이 승인 보고서를 의회에 전달한 시점부터 45일이 경과하기 전 또는 보고서가 전달되는 동안 휴회가 결정되기 전에 의회가 권고사항을 비승인하게 되면, 장관은 권고된 사항을 실행할 수 없게 되고 자산 검토 과정은 종료된다.

4) VHA 내 의료제공자들의 채용 및 고용 유지

MISSION법에서는 VHA 내 임상 의료 인력의 부족을 해결하고자 감사원이 정한 고용이 어려운 분야의 인력에 대해 장학금, 대출상환 및 보너스를 제공하는 프로그램을 수정 및 개설한다는 내용을 명시하고 있다. 보훈의료기관 내 의료 제공자들의 고용 유지(retaining) 및 유인(recruiting)을 목적으로 다음과 같은 프로그램들을 승인 또는 확대했다.

· 보훈부의 교육비 부채 경감 프로그램(VA's Education Debt Reduction Program, EDRP)에 따라 감소할 수 있는 학자금 대출 채무의 최대치를 늘림;

· 보훈부 의료전문가 장학금 프로그램(VA Health Professional

Scholarship Program, HPSP) 하에 의사와 치과의사들을 위한 지정된 장학금을 승인함;

· 보훈부가 부족하다고 판단한 의료전문분야의 교육 및 수련을 계속할 수 있도록 보훈의료기관 직원을 장려하기 위해 보훈부 전문 교육 대출 상환 프로그램(VA specialty education loan repayment program)을 구축함;

· 시범적으로 보훈대상자 힐링 의료접근성 및 장학 프로그램(Veteran Healing Veteran Medical Access and Scholarship Program)을 구축함;

· 보훈부의 EDRP에 대한 자격요건을 보훈센터에서 근무하는 임상 직원들에게 확대함.

4. 보훈대상자들을 위한 지역사회 통합 의료 프로그램(VCCP)

1) VCCP 수립 배경

미국 보훈의료체계에서는 오랜 기간 동안 보훈대상자들이 적시에 적절한 의료서비스를 제공받지 못하는 것이 이슈가 되어 왔다. 이는 주로 대기시간, 의료 접근성과 관련된 문제로서 특히 미국 전역에 걸쳐 다수의 VHA 산하 의료기관 내 대기시간의 조작이라는 부정행위가 이루어졌음이 포착되었다(VAOIG, 2014). 이를 해결하고자 오바마 대통령 집권 당시인 2014년 Choice법이 제정되었고, 동법에 의거하여 보훈대상자들의 Choice 프로그램(VCP)을 운영하고 있었다.

VCP는 자격요건에 부합하는 보훈대상자들*이 보훈부 산하 의료기관뿐 아니라 그들이 거주하는 지역사회 내 민간 의료기관에서도 의료서비스를 이용할 수 있는 프로그램이다. 따라서 자격요건에 맞는 보훈대상자들이 보훈부와 계약을 체결한, 승인된 민간 의료기관에서 의료서비스 조정 프로그램(Non-VA Care

* 자격요건은 다음과 같다. (1) 보훈부 산하 의료기관에서 치료 또는 의료서비스를 받기 위해 예약을 하려고 했지만, 목표 대기시간 내에 진료 예약을 할 수 없었던 자, (2) 지역사회 기반 외래 의원을 포함하여 보훈부 산하 의료기관으로부터 40마일 이상 떨어진 곳에 거주하는 자, (3) 병원 진료, 응급의료 및 외과 진료를 제공하는 보훈부 산하 의료시설이 없는 주(State)에 거주하는 자 또는 (4) 괌, 미국령 사모아 또는 필리핀 공화국 이외에, 지역사회 기반 외래 의원을 포함하여 보훈부 산하 의료기관으로부터 40마일 이내에 거주하는 자로서 (a) 의료기관까지 항공, 보트나 연락선(ferry)로 이동해야하는 경우나 (b) 지리적인 문제로 (4)에 해당하는 40마일 이내의 의료기관에 접근하는 데 비정상적이거나 과도한 부담이 있는 경우.

Coordination Program)에 따라 목표 대기시간 내에 해당 의료서비스를 받을 수 있도록 하였다(Veterans Choice Act, 2014).

그러나 VCP는 보훈부가 계약한 민간 의료기관이 그들에게 제공한 100억불을 다 소진하거나 2017년 8월 7일 이후 시점이 되면 종료되는 일시적인(temporary) 프로그램이었다(VA, 2014). Choice법과 VCP는 보훈대상자들에게 환영받는 프로그램이었지만 영구적인(permanent) 서비스 제공이 어려운 한계가 있었다. 따라서 MISSION법에서는 기존 VCP의 서비스 내용을 개선 및 확대하고 영구적인 프로그램으로서 보훈대상자 지역사회 통합 의료 프로그램(VCCP)을 수립하였다(Panangala et al., 2018). 이에 VCP는 MISSION법 제정으로 수립된 VCCP 프로그램의 운영으로 인해 2019년 6월 6일 종료되었다.

2) 보훈의료체계 내 지역사회 통합 의료의 역사

미국 보훈의료체계에서 VHA은 보훈의료계 보건당국자로서 의료서비스의 제공, 의료 제공자들에 대한 교육 및 훈련뿐 아니라 시설이나 인력 관리에 이르기까지 다양한 역할을 담당해야 한다. 무엇보다 VHA는 보훈대상자들에게 적절한 양질의 의료서비스를 제공하기 위해서 지속적인 노력을 기울여 왔지만, 2013년 보훈부 감사에 Phoenix 보훈 의료센터의 몇몇 의사들이 긴 대기시간으로 인해 환자가 사망한 것과 관련한 제보를 하면서 보훈서비스조직, 의회를 비롯한 언론인들에 이르기까지 보훈의료체계에서 일어나고 있던 문제에 집중 조명하게 되었다(Jennifer, 2018).

결국 의회에서는 이러한 문제를 Choice법의 제정과 VCP 수립을 통해 보훈의료자원에 지역사회 민간 의료자원을 함께 투입함으로써 해결하고자 하였다. 이같이 보훈의료기관이 아닌 외부에서 제공되는 의료서비스 형태에 대해 의회에서는 수년 동안 다음과 같은 여러 가지 방식으로 언급해 왔었다(RAND, 2015).

※ 보훈의료기관 외부에서 제공되는 의료서비스 형태에 대한 여러 가지 명칭

- Non-VA Outpatient Fee Care
- Non-VA Care Coordination
- Fee Care
- Fee Basis Care
- Purchased Care
- Non-Department Care
- Fee Program
- Preauthorized Care
- Non-VA Care
- Non-VA Medical Care

최근 들어 미국 보훈의료체계에서는 보훈부 소속의 의료기관이 아닌 지역사회에서 제공되는 민간 의료서비스 형태를

'community care(커뮤니티 케어)'라고 명명하고 있지만, 1924년 「세계대전 참전용사법(World War Veterans Act)」에 따르면 오래전부터 의회는 지역사회가 의료서비스를 제공하는 것에 대해 보훈부와 계약을 맺도록 승인해 왔었다(Panangala et al., 2018). 이후 보훈부에서 승인된 의료서비스를 지정된 외부 의료기관에서 제공 가능하도록 프로그램을 신설하거나, 의회에서 그러한 형태의 의료서비스 제공이 가능하도록 하는 법을 제정해 왔었다. 예컨대 1946년 보훈부는 유료 결제 의료 프로그램(fee-basis care program)으로 알려진 Hometown Medical Care Program을 신설했고, 1957년 의회에서 「보훈대상자 지원에 관한 법(Veterans' Benefit Act of 1957)」을 통과시켰으며, 「1973년 보훈대상자 건강관리 확대법(Veterans Health Care Expansion Act of 1973)」을 통해 외래 의료서비스 대상을 광범위하게 확대하기도 했다. 이어 「1976년 보훈대상자 포괄 건강관리법(Veterans Omnibus Health Care Act of 1976)」, 「1979년 보훈대상자들의 건강관리 개정법(Veterans' Health Care Amendments of 1979)」에 이어 「1985년 통합 예산 총괄 관리법(Consolidated Omnibus Budget Reconciliation Act of 1985)」에 이르기까지 보훈부가 민간 의료기관 및 제공자와 계약을 맺는 것에 대한 내용을 명시하고 있다.

결국 앞에서 언급한 법률을 비롯하여 여러 법률들에 명시된 관련 조항들을 변경한 내용을 「Title 38 United State Code의 섹션 1703」에 성문화하였고, 이 섹션은 MISSION법에 의해 완전히 개정되었다. 이에 따라 기존의 보훈대상자 지역사회 의료서비스 제공 프로그램에 대한 법적 프레임워크를 수정함으로써 총 7개 프로그램을 통합하여 현재의 지역사회 통합 의료 프로그램(VCCP)이 탄생하였다. MISSION법을 통해 보훈대상자에게 제공되는 지역사회 의료서비스의 변화된 내용은 다음 표를 통해 확인할 수 있다(〈표 4-1〉).

3) VCCP를 이용할 수 있는 보훈대상자 선정 요건

보훈의료체계에 등록된 보훈대상자 또는 등록되어 있지 않지만 병원치료, 의료서비스 및 확장된 의료서비스를 받을 자격이 되는 보훈대상자는 누구나 VCCP를 통해 의료서비스를 받을 수 있게 된다. 그러나 VCCP를 통해 의료서비스를 받을 보훈대상자를 선정하는 요건에 부합해야만 지역사회 통합 의료서비스를 이용할 수 있다. 선정 요건은 크게 두 가지 상황에 따라 다르게 적용되는데, 그중 하나는 VCCP를 통해 제공해야 하는 의료서비스가 필요한 상황과 다른 하나는 VCCP를 통해 의료서비스를 제공하도록 보훈부가 승인해야 하는 상황이다.

(1) VCCP를 통해 제공해야하는 의료서비스가 필요한 상황

다음 5개 조건 중 최소 1개 이상 충족하는 보훈대상자는 VCCP를 통해 치료를 받을 수 있다.

· 보훈대상자들이 요구하는 치료나 의료서비스를 보훈부가 제공하지 못함; 또는

· 보훈대상자들이 거주하는 주(state)에 보훈부가 풀 서비스 가능한 보훈의료기관을 운영하지 않음; 또는

·「2018년 보훈대상자 돌봄법(Caring for Our Veterans Act of 2018)」이 제정되기 전에 VCP에 따라 40마일 거리 자격기준 하에 의료서비스를 받을 자격이 있고, 40마일 거리 자격기준에 부합한 지역에 계속 거주함; 또는

· 보훈대상자들이 요구한 치료나 의료서비스를 장관이 정한 치료 또는 의료서비스에 대한 접근 기준에 부합한 방식으로 보훈부가 제공할 수 없음; 또는

· 의뢰받은 의사가 적격한 보훈대상자와 상담한 후, VCCP를 통해 제공된 치료 및 의료서비스가 장관이 정한 기준에 따라 보

훈대상자들의 최상의 의학적 이익이 될 것이라는 것에 동의함.

(2) VCCP를 통해 의료서비스를 제공하도록 보훈부가 승인해야 하는 상황

보훈대상자들의 요구를 받은 보훈의료서비스 라인(VA medical service line)*(보훈의료센터 내 의원으로 정의됨)이 접근성 및 질 기준을 준수하지 못할 경우, 적격한 보훈대상자들에게 VCCP를 통해 의료서비스를 제공하도록 장관이 승인해야 한다. 참고로 접근성 및 질 기준은 장관이 정해야 하는데, 해당 기준을 개발할 때 다음의 요소들을 고려해야 한다.

· 두 곳의 보훈의료시설에서 보훈 의료서비스 라인의 적시성(timeliness)을 비교함; 그리고

· 한 곳의 보훈의료시설에서 보훈의료서비스 라인의 질과 지역사회 내 비 보훈부 소속 의료서비스 라인에서 2개 이상의 명확하고 적절한 질 척도와 비교함.

---

* 서비스 라인(service line)은 일차의료, 정신보건의료, 전문 과목 진료와 같은 광범위한 의료서비스 범주를 중심으로 구성되며, 이러한 프로그램들은 일관된 서비스 기준을 개발함으로써 서비스의 질을 강화하기 위해 네트워크로 통합되어 있다.

〈표 4-1〉 MISSION법 제정 이후 보훈대상자에게 제공되는 지역사회 의료서비스(VCC)의 변경사항

구분	이전	현재	비고
전반적인 사항	복잡한 요구사항과 프로세스	간소화된 VCCP를 통해 의료사고에 대한 위험요소와 문제 감소	보훈대상자들이 지역사회 의료서비스를 선택할 때 의료서비스에 대한 선택폭이 더 넓어지고 보다 나은 고객서비스를 받을 수 있음.
자격사항	모든 지역사회 통합 의료 프로그램에 걸쳐 자격기준은 보훈대상자 개인의 필요에 항상 부합하지 않음.	지역사회 의료서비스에 대한 자격기준은 보훈의료시설에 도달하는 평균 운전시간 및 대기시간에 대한 새로운 접근기준을 포함하여 지역사회 의료제공자들에 대한 접근성을 확대함.	보훈대상자들은 지역사회 의료서비스에 대한 접근성이 더 높아짐.
의료서비스 예약 및 진료	보훈부와 제3의 관리자들이 진료예약 및 진료를 조정해줄 수 있으며, 이로 인해 관료주의와 조직분열이 가중될 수 있음.	보훈부와 지역사회 의료제공자들 간 조정·연계를 개선한 보훈부 시스템을 통해 보훈대상자들 개인이 직접 진료예약이 가능하게 하거나, 보훈부에서만 진료일정을 조정할 수 있도록 함.	보훈부와 지역사회 의료제공자들 간 개선된 통합 의료 조정으로 진료일정 예약 및 조정이 보다 더 용이해짐.
청구	지역사회 의료이용 프로그램에 대한 복잡한 청구 요건과 과정 때문에 청구에 대한 비용지불이 즉시 이루어지지 않음.	새로운 보훈부 시스템은 제3의 관리자가 적시에 비용을 지불해야하는 더 엄격한 요건으로 청구처리 적시성과 정확성을 개선함.	지역사회 의료제공자들에 대한 급여 지급이 적시에 이루어짐.

응급의료	보험혜택이 지역사회 의료서비스에는 일반적으로 적용되지 않음.	새로운 보험혜택은 보훈부의 지역사회 통합 의료 네트워크를 통해 특정의, 제한이 없는, 비응급의료 니즈에 대해서는 적격한 보훈대상자들이 의료서비스를 이용할 수 있도록 함.	보훈대상자들은 경증의 부상 및 질병에 대해서도 의료서비스를 받을 수 있는 새롭고 간편한 옵션을 이용할 수 있음.

자료출처 : Veteran Affairs. (2019a). Fact sheet: veterans community care previous and current state.

1개의 보훈의료시설에서 3개 이상의 의료서비스 라인에 대해 병원치료, 의료서비스 또는 확장된 의료서비스를 동시에 제공할 수 없고, 전국적으로는 총 36개 이하로 제한되어 있다. 보훈부 승인 하에 제공된 의료서비스는 부족한 의료서비스 라인이 개선되면 종료된다. 다만 이 조항에 따라 보훈대상자들은 일련의 치료가 완료될 때까지 VCCP를 통해 의료서비스를 제공받을 수 있는 자격이 유지되며, 장관은 의료의 연속성을 위해 VCCP를 통한 의료서비스를 조정·연계하도록 보장해야 한다.

4) 지역사회 의료 제공자의 VCCP 참여 조건

보훈대상자들이 VCCP를 통해 지역사회 의료서비스를 제공받을 수 있는 자격요건이 되더라도 지역사회 내 모든 민간 의료서비스를 다 이용할 수 있는 것은 아니다. 지역사회 의료 제공자 역시 VCCP에 참여할 수 있는 자격요건을 갖추어야 한다. 지역사회 의료제공자가 VCCP에 참여하기 위해서 주로 다음과 같은 세 가지 방식을 택할 수 있다. 세 가지 방식에 대한 구체적인 내용은 보훈부에서 발표한 Fact sheet를 참고하였다(VA, 2019b).

(1) TriWest 네트워크 가입

TriWest는 보훈부의 환자 중심 지역사회 의료(Patient-Centered Community Care, PC3) 계약을 위한 제3의 관리자(Third Party Administrator, TPA)이다. 지역사회 의료제공자들은 그들 지역의 지역사회 의료서비스 제공 네트워크(Community Care Network, CCN)가 완전히 실행되기 전까지 PC3을 통해 TriWest 네트워크에 참여한다. PC3 계약은 현재 국가 조달방식(contract vehicle)으로서, 보훈부가 보훈의료시설 내에서 이용할 수 없는 서비스를 제공하기 위한 지역사회 의료제공자들의 네트워크이다. TriWest의 PC3 네트워크는 보훈대상자들이 지속적으로 그들이 필요한 의료서비스를 받을 수 있도록 CCN에 연계하는 중요한 가교 역할을 한다.

(2) 지역사회 의료서비스 제공 네트워크(CCN) 가입

CCN은 보훈대상자들이 적시에 양질의 진료를 받을 수 있도록 보장하기 위해 보훈부와 지역사회 제공자들 간의 직접적인 연결고리 역할을 한다. CCN은 6개의 네트워크로 구성되어 있는데, 미국 전 지역을 총 6개 권역으로 구분하여 각 지역별로 네트워크를 점진적으로 배치해 가고 있다(〈그림 4-1〉). 지역사회 의료제공자들은 CCN에 가입하기 위해 그들 지역의 TPA와 먼저 계약을 맺어야 한다. Optum*은 CCN의 지역 1, 2, 3을 관할하는 TPA이고, TriWest는 지역 4, 5를 관할하며, 지역 6의 관할 TPA는 아직 정해지지 않았다. TriWest PC3 네트워크는 보훈부가 각 지역별 CCN을 활성화함에 따라 점차 폐지될 것이다.

(3) 보훈대상자 의료서비스 제공 협정(Veterans Care Agreement, VCA) 체결

VCA는 제한적인 상황**에서 사용되는 지역사회 의료 제공자 및

---

* 유나이티드헬스 그룹의 일부.

** 보훈대상자들이 필요한 의료서비스를 받을 수 있도록 충분히 보장되지 않거나 보훈부의 CCN에서 계약된 서비스를 제공하지 않을 경우에 해당함.

〈그림 4-2〉 6개 CCN 권역과 관할 TPA

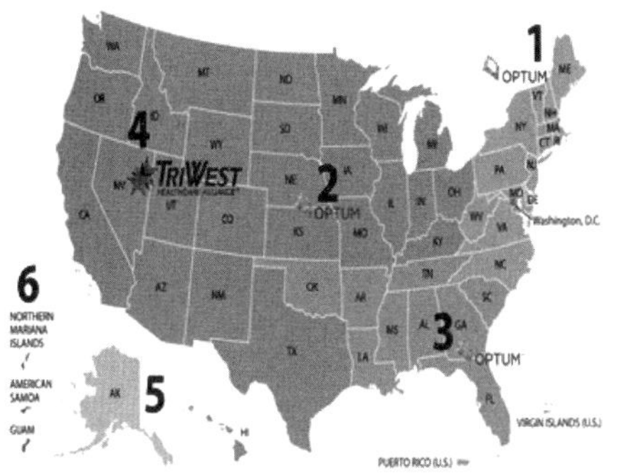

자료출처: Veteran Affair. (2019b). Fact sheet: how to become a VA community provider.

보훈의료시설 간의 협정이다. 현재 보훈부와 계약하여 의료서비스를 제공하고 있거나, 개인 또는 의료 제공자 협정을 맺고 일시적인 서비스를 제공하고 있는 경우, 환자 의뢰에 대한 지연을 피하기 위해 되도록 빨리 VCA에 서명해야 한다. VCA에 서명하게 되면, 3년 동안 유효하며 매 12개월마다 재인증을 받아야 한다.

5) VCCP 내 의료서비스의 조정 · 연계

여러 개의 프로그램을 통합한 단일의 프로그램으로서 VCCP는 보훈대상자들의 의료서비스에 대한 접근성과 이용 용이성을 제고하는 데 가장 큰 목표를 두고 있다. 이 목표를 달성하는 데 지역사회 의료 제공자들은 보훈대상자들에게 즉각적이고 양질의 의료서비스에 대한 선택과 접근성을 제고하는 데 필수적인 역할을 수행할 수 있다. 특히 기존의 복잡한 요건과 프로세스를 개선함으로써 선택과 접근성을 제고하기 위해서는 바로 보훈부와 지역사회 의료제공자들 간 의료서비스에 대한 조정·연계(care coordination)가 잘 되어야 한다. 따라서 MISSION법 섹션 101에 따르면, 장관은 병원치료, 의료서비스 그리고 이 섹션에 의거하여 확장된 의료서비스의 제공을 조정함으로써 보훈의료와 지역사회 의료 간 통합된 의료서비스를 제공할 수 있어야 한다고 규정하고 있다. 이와 관련하여 동법에서는 다음의 네 가지 사항을 조정·연계해야 할 사항으로 명시하고 있다.

※ VCCP에서 조정·연계(care coordination)해야 할 사항

(1) 즉각적인 진료일정 관리와 비 보훈부 소속 의료제공자들로부터 의료기록을 받을 수 있는 메커니즘 개설을 보장

(2) 치료 및 의료서비스에 대한 연속성(continuity of care) 보장

(3) 지역 네트워크 간 조정·연계 - 자격요건에 부합하는 보훈대상자들이 그들이 거주하는 지역 네트워크보다 다른 네트워크에

서 치료 및 의료서비스를 더 많이 받는 경우

(4) 의료서비스에 대한 접근성, 이용 용이성, 연계성을 침해받는 일이 없도록 보장 - 자격요건에 부합하는 보훈대상자들이 보훈부 또는 보훈부와 계약한 의료기관의 오류나 지연으로 인해 의료서비스를 이용하는 데 있어 치료의 지연 또는 비일상적이거나 과도한 부담을 경험하지 않도록 해야 함.

5. 나가며

2012년 보훈의료시설에서의 대기시간 조작 사건이 미국 내에서 크게 이슈화되면서 보훈의료체계의 개선에 대한 요구가 증대하자, 보훈부는 2014년 Choice법, 2018년 MISSION법의 제정으로 지역사회 의료제공자들과의 연계를 통해 보훈대상자들의 의료서비스에 대한 요구를 충족시키고자 하였다. 보훈부가 지역사회 의료서비스와 계약을 맺어 보훈대상자들에게 의료서비스를 제공할 수 있도록 승인한 것은 1920년 이전부터였지만, 실질적으로는 2014년 Choice법의 Choice 프로그램을 통해 법적 기반이 마련되었다고 할 수 있다. 그러나 한시적으로 운영하기로 했던

Choice 프로그램은 MISSION법의 VCCP로 대체되었고, 그간 여러 가지 형태로 운영되던 지역사회 의료서비스 제공 프로그램들은 VCCP라는 이름의 단일 프로그램으로 통합되었다.

VCCP는 보훈의료체계 내·외부 의료서비스의 적절한 조정·연계를 통한 통합 의료의 중요성을 강조했다. 통합 의료는 결국 의료의 연속성을 보장해주어 궁극적으로 필요한 의료서비스에 즉각 접근할 수 있게 한다. 이는 결국 양질의 의료서비스를 제공하는 결과로 이어져 환자들의 의료서비스에 대한 경험 평가에 긍정적으로 작용하게 된다(Cordasco et al., 2019). 뿐만 아니라, 통합 의료 하에 조정·연계를 위해서는 보훈의료체계에서 보훈대상자들의 의료서비스 이용에 관한 모든 정보가 VHA를 중심으로 집중되는 운영체계가 필요한데, 이를 위해서는 지역사회 내 통합 의료서비스를 이용하는 보훈대상자에 대한 의료 정보 역시 모두 VHA에 전달되어야 한다. 여기서 의료정보는 진료일정 뿐 아니라 제공받는 치료 및 의료서비스 모두를 포괄한다. 따라서 VCCP는 보훈대상자 측면에서 의료서비스를 제공받을 수 있는 접근성과 용이성이 제고되었다는 장점이 있으나, 지역사회 의료 제공자 측면에서는 의료정보 공유를 비롯한 의료서비스의 조정·연계가 전제된 통합 의료제공에 대한 부담감이 다소 증가되었다.

그럼에도 불구하고 보훈의료체계 전반적으로 VCCP를 통해 보훈의료기관과 지역사회 의료 제공자 간 조정·연계된 통합 의료체계를 마련함으로써 기존의 보훈의료체계에서 겪었던 복잡한 문제들을 해소하는 데 일조했다고 볼 수 있다.

2002년 보훈부에서 보훈대상자들에게 1차 진료 전달체계를 강화하기 위해 지역사회 기반 외래 진료 서비스(Community-Based Outpatient Councils, CBOCs) 제도를 도입하던 초기만 해도, 보훈대상자들은 접근성·적시성 척도에서 보훈의료시설보다 지역사회 의료서비스에 대해 더 긍정적으로 평가하였다(Borowsky et al., 2002). 그러나 MISSION법 제정에 대한 평가는 VCCP를 통해 지역사회 의료체계와의 통합 의료를 실현할 수 있는 기틀을 마련했고, 실제로 보훈대상자들이 필요한 의료서비스에 대한 적시성과 접근성이 향상되었다는 점에서 긍정적이다(Miller et al., 2019). 또 보훈부에 대한 신뢰도를 측정한 결과 응답자의 80% 이상이 신뢰하는 것으로 나타나 2017년에 비해 19% 증가한 것으로 확인되었으며, 외래환자들 대상으로 보훈의료서비스의 이용편리성, 효과성과 스태프의 공감력에 대한 평가도에서 75% 이상의 높은 수준이라는 결과도 앞선 긍정적 평가를 뒷받침해 준다(VA, 2020c).

그럼에도 불구하고 접근성과 적시성, 의료의 질, 비용에 대해 여전히 우려할 만한 점이 있다는 정반대의 평가도 있었다. 무엇보다 통합 의료 제공측면에서 보훈의료서비스와 지역사회 의료서비스 간 질적인 격차가 존재할 뿐 아니라, 지역사회 의료 제공자들의 현황을 정확히 비교 분석할 만한 데이터가 없다는 한계점도 제기되었다(Massarweh et al., 2020). 따라서 향후 미국 내 VCCP가 안정적인 프로그램으로 정착되어 보훈대상자들의 건강증진에 기여하기 위해서는 향후 성과를 평가할 수 있는 표준화된 척도를 마련하고, 보훈대상자들의 경험을 주기적으로 평가하는 등의 지속적인 모니터링과 피드백 과정이 필요할 것이라 판단된다.

한편, 우리나라 보훈공단에서는 10여 년부터 보훈의료복지통합서비스(Bohun-THIS)를 구축하고 이를 보훈의료기관뿐 아니라 위탁병원을 비롯한 지역사회 의료기관에까지 연계하여 보훈대상자들에게 조정·연계된 통합 의료서비스를 제공하고자 노력해왔다. 이러한 측면에서 미국의 지역사회 통합 의료 프로그램은 큰 틀에서는 Bohun-THIS의 통합 의료서비스 제공체계와 유사한 개념으로 볼 수도 있겠다. 구체적으로 각국의 의료보험제도나 의료전달체계가 상이하여 대등하게 적용하는 것은 어렵지만,

보훈대상자들의 건강증진을 위한 효율적인 의료서비스 제공차원에서 통합 의료 체계를 마련하는 것은 양국 모두에 중요한 과정이라 할 수 있다.

물론 본고에서 지역사회 의료서비스를 일컫는 커뮤니티 케어가 국내에서 일상적으로 통용되고 있는 의미와 다소 차이는 있을 지라도, 국내의 의료정보화의 속도나 전국민건강보험제도의 여부 그리고 커뮤니티 케어 적용 가능성 등을 고려해볼 때, 우리나라의 보훈의료체계에서 Bohun-THIS는 미국에 비해 더 포괄적이고 효율적인 통합 의료 체계로서 자리매김할 수 있을 것으로 기대된다. 본고에서 소개한 VCCP의 수립 배경과 구체적인 내용들이 향후 우리나라 보훈의료 환경 내 통합 의료체계를 효과적·효율적으로 운영하는 데 기여하기를 기대한다.

참고문헌

ㅁ 보훈대상자의 장애 개념과 장애인 복지정책 과제 / 전지혜

국가보훈처, 『2019년 보훈연감』, 국가보훈처, 2020.

박상우·이정한·이용철·김도형·홍순원, 보훈복지시설 활성화 방안 연구용역, 국가보훈처, 2018.

보건복지부, 2020 나에게 힘이되는 복지 서비스, 2020.

조한진, 장애의 이론 모델과 실천 모델의 전환에 입각한 장애인복지법 개정 방향, 특수교육학연구, 40(4), 233-256쪽, 2006.

Oliver, M, Understanding disability: From theory to practice. St Martin's Press, 1996.

ㅁ 보훈대상자를 위한 통합의료 프로그램 미국의 사례 / 서경화

Auerbach, D, I., Weeks, W, B., Brantley, I. (2013). "Health care spending and efficiency in the U.S. Department of Beterans Affairs". Calif.: RAND Corporation. RR-285-MTF.

Borowsky, S, J., Nelson, D, B., Fortney, J, C., Hedeen, A, N., Bradley, J., Chapko, M, K. (2002), "VA community-based outpatient clinics: performance measures based on patient perceptions of care". Med Care, 40(7), 578-86.

Charlton, M, E., Mengeling, M, A., Schlichtig JA, Jiag L, Turvey C, Trivedi AN et al., (2016). "Veteran use of health care systems in rural stages: comparing VA and non-VA health care use among privately insured veterans under age65". The Journal of Rural Health, 32, 407-417.

Cordasco, K, M., Hynes, D, M., Mattoks, K, M., Bastian, L, A., Bosworth, H, B., Atkins, D. (2019). "Improving care coordination for veterans withing VA and across healthcare systems". J Gen Intern Med, 34(11), S1-S3.

Farmer, C, M., Hosek, S, D., Adamson, D, M. (2016). "Balancing demand and supply for veterans' health care". Rand Health Q, 6(1), 12.

Jennifer, D. (2018). Ensuring timely access to quality of care for US veterans. JAMA, 319(5), 439-440.

Massarweh, N, N., Itani, K, M, F., Morris, M, S. (2020). "The VA MISSION act and the future of veterans' access to quality health care". JAMA, 324(4), 343-344.

Miller, M, B., Sjober, H., Mayberry, A., McCreight, M, S., Ayele, R, A., Battaglia, C. (2019). The advanced care coordination program: a protocol for improving transitions of care for dual-use veterans from community emergency departments back to the Veterans Health Administration (VA) primary care. BMC Health Services Research, 19, 734. https://doi.org/10.1186/s12913-019-4582-3

Panangala, S, V., Colello, K, J., Elliott, V, L., Hatch, G., Heisler, E, J. (2018). "VA Maintaining Internal Systems and Strengthening Integrated Outside Networks Act of 2018 (VA MISSION Act; P.L.115-182)". Washington DC: Congressional Research Service.

RAND Corporation, Assessment C (Care Authorities), The MITRE Corporation. (2015). "A product of the CMS alliance to modernize healthcare federally funded research and development Center

Centers for Medicare & Medicaid Services (CMS) prepared for the U.S. Department of Veterans Affairs"(p. 22).

U.S. Department of Veterans Affairs. (2019a). Fact sheet: veterans community care previous and current state.

U.S. Department of Veterans Affairs. (2019b). Fact sheet: how to become a VA community provider.

VA Office of Inspector General. (2014). Review of patient wait times, scheduling practices, and alleged patient deaths at the Phoenix health care system.

CONGREE,GOV. (2018). Legislation 115th Congress: S.2372. https://www.congress.gov/bill/115th-congress/senate-bill/2372/actions?q=%7B%22search%22%3A%5B%22s2372%22%5D%7D&r=2&s=10.(2020/ 10/ 31).

GovTrack. (2018). History of MISSION ACT. https://www.govtrack.us/congress/bills/115/hr5674(2020/ 10/ 27).

Official Blog of VA. (2019). MISSION ACT 101: How the law will improve VA's ability to deliver health care to Veterans. https://www.blogs.va.gov/VAntage/56414/mission-act-101-how-the-law-will-improve-vas-ability-to-deliver-health-care-to-veterans/(2020/ 10/ 27).

U.S. Department of Veterans Affairs. (2014). VACAA Fact Sheet: How to become a Veterans Choice Program and/or Patient-Centered Community Care Provider.

U.S. Department of Veterans Affairs. (2017). [News Release] VA Announces Veterans Coordinated Access & Rewarding Experiences ('CARE') Act. https://www.va.gov/opa/pressrel/pressrelease.cfm?id=2963(2020/ 10/31).

U.S. Department of Veterans Affairs. (2020a). Program of comprehensive assistance for family caregivers Proposed Regulation; Frequently Asked Questions.

U.S. Department of Veterans Affairs. (2020b). Program of comprehensive assistance for family caregivers. https://www.va.gov/family-member-benefits/comprehensive-assistance-for-family-caregivers/ (2020/ 10/ 30).

U.S. Department of Veterans Affairs. (2020c). [News Release] Veteran trust in VA reaches all-time high. https://www.va.gov/opa/pressrel/pressrelease.cfm?id=5464#:~:text=19%3A00%20PM-,Veteran%20trust%20in%20VA%20reaches%20all%2Dtime%20high,19%25%20increase%20since%20January%202017(2020/ 10/ 18).

Public Law 113-146. Veterans Access, Choice, and Accountability Act of 2014.

Public Law 115-182. VA Maintaining Internal Systems and Strengthening Integrated Outside Networks Act of 2018.

United States Code Title 38. Section 101.

보훈교육연구원 보훈문화총서02

보건으로 읽는 보훈

등록 1994.7.1 제1-1071
1쇄 발행 2020년 12월 31일

기　획　보훈교육연구원
지은이　정태영 김진성 전지혜 서경화
펴낸이　박길수
편집장　소경희
편　집　조영준
관　리　위현정
디자인　이주향
펴낸곳　도서출판 모시는사람들
03147 서울시 종로구 삼일대로 457(경운동 수운회관) 1207호
전　화　02-735-7173, 02-737-7173 / 팩스 02-730-7173

인　쇄　(주)성광인쇄(031-942-4814)
배　본　문화유통북스(031-937-6100)
홈페이지　http://www.mosinsaram.com/

값은 뒤표지에 있습니다.
ISBN　979-11-6629-013-8　04300
세트　979-11-6629-011-4　04300

이 책의 내용은 필자의 개인적인 의견이고, 보훈교육연구원의 공식적인 입장과는 관련이 없습니다

한국보훈복지의료공단 창립 40주년을 맞아 한국보훈복지의료공단의 지원을 받아 출판되었습니다